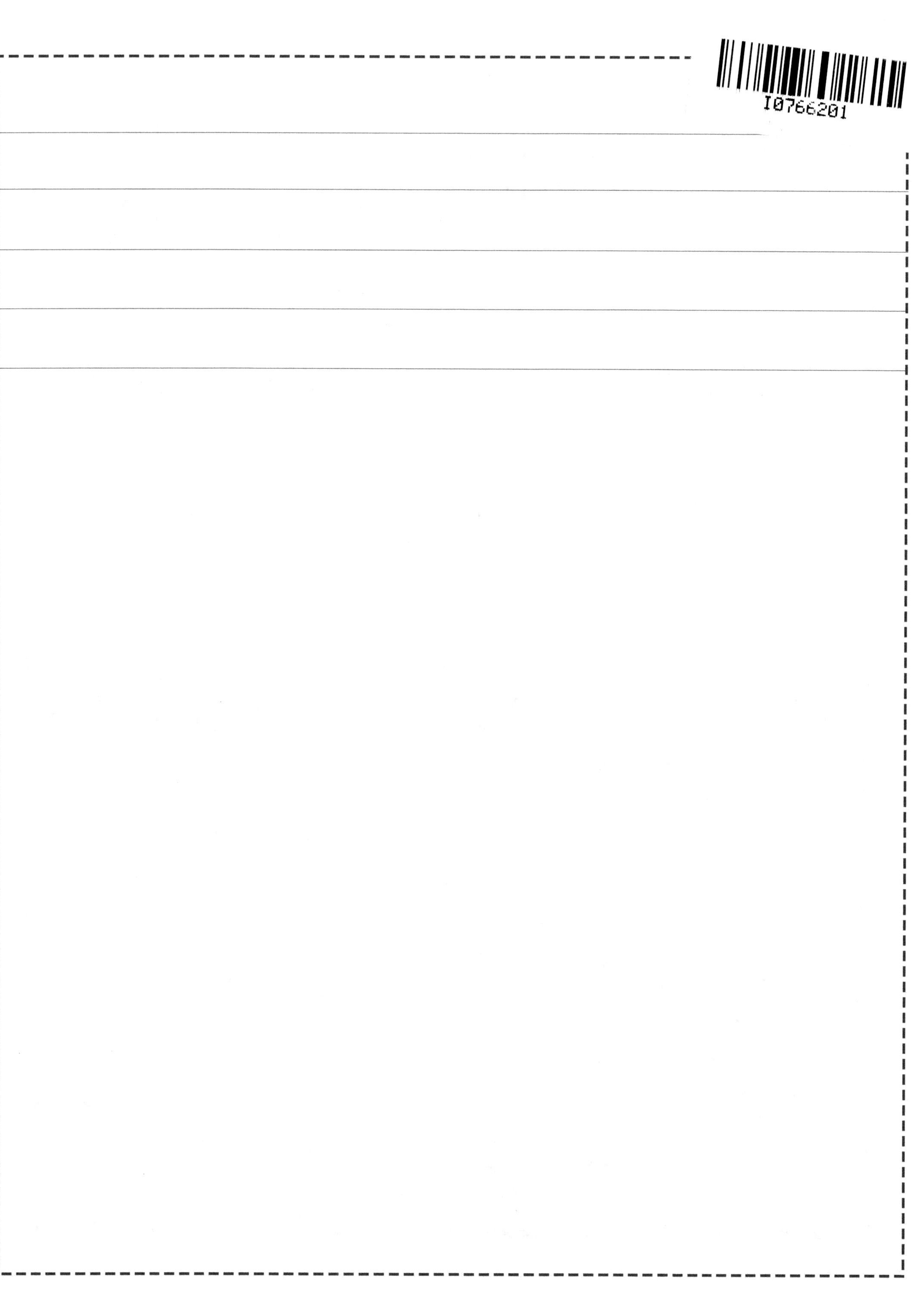
I0766201

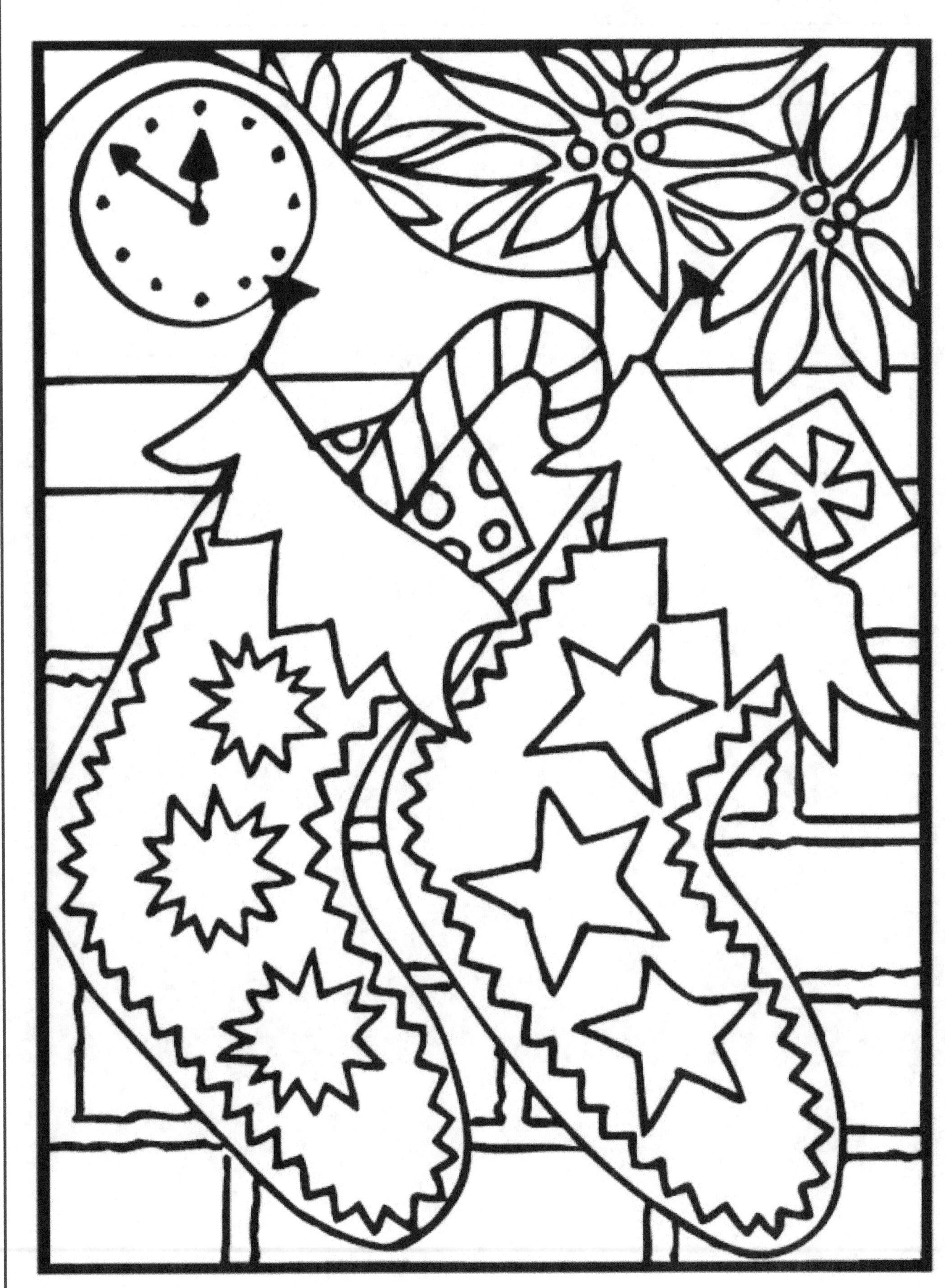

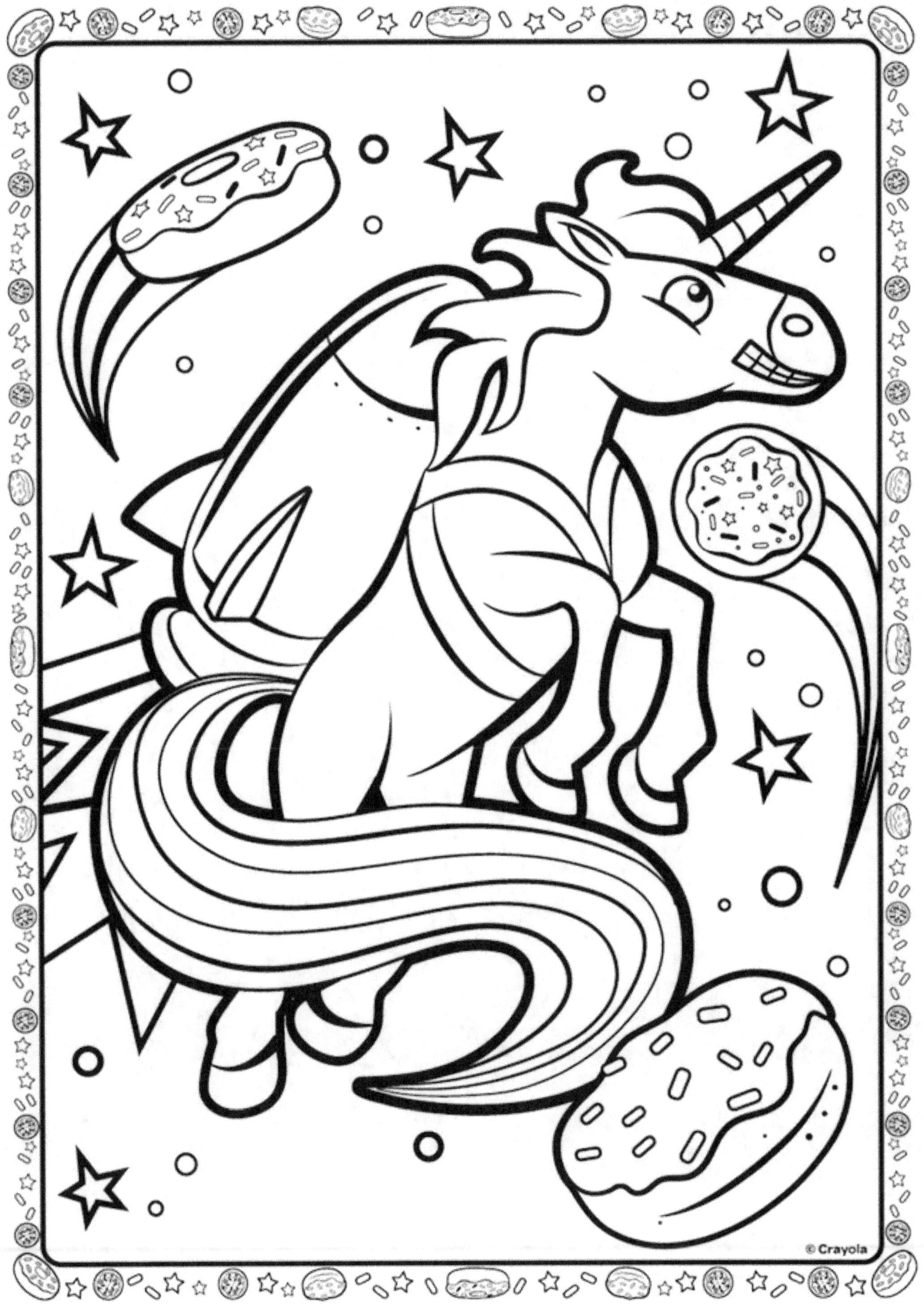
© Crayola

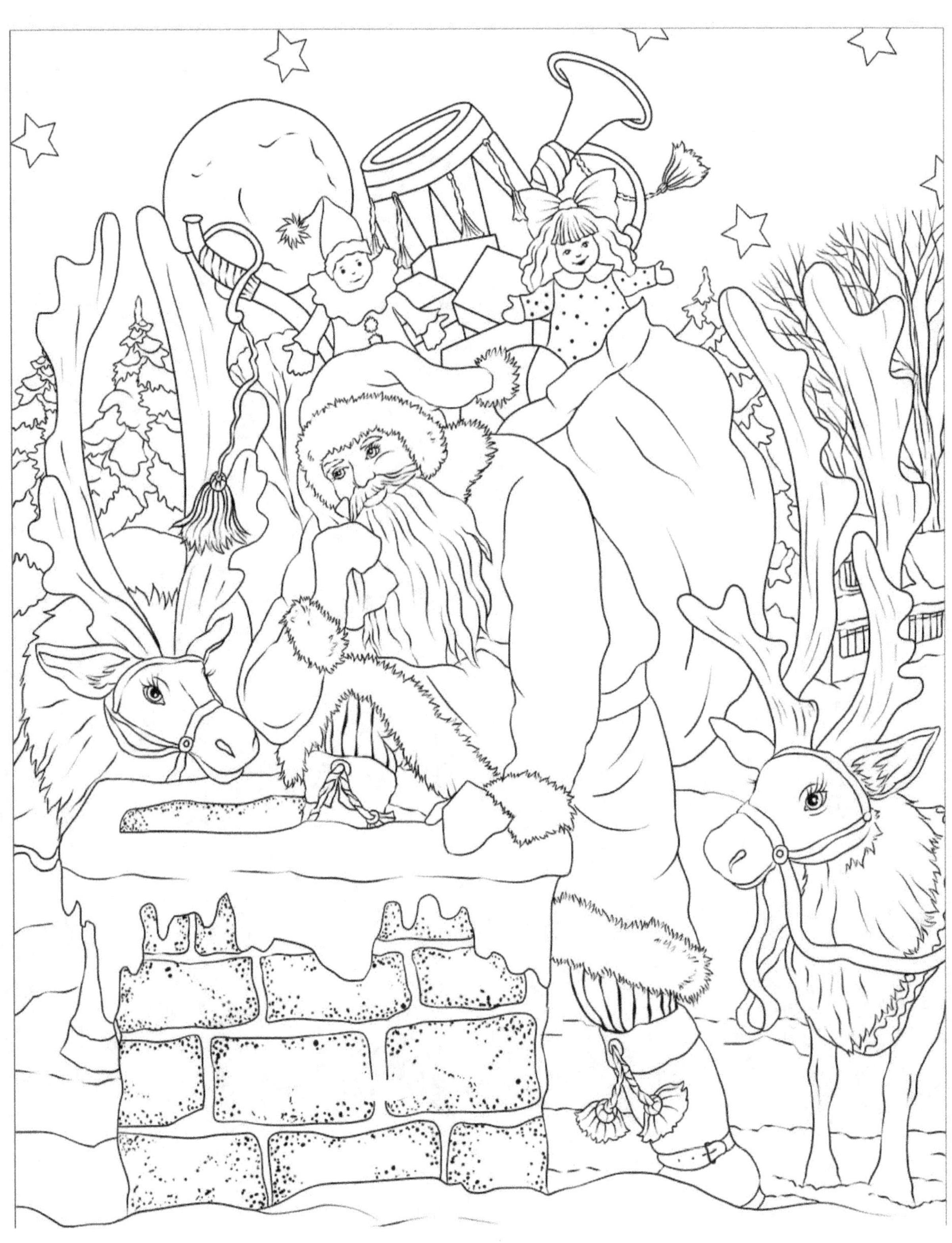

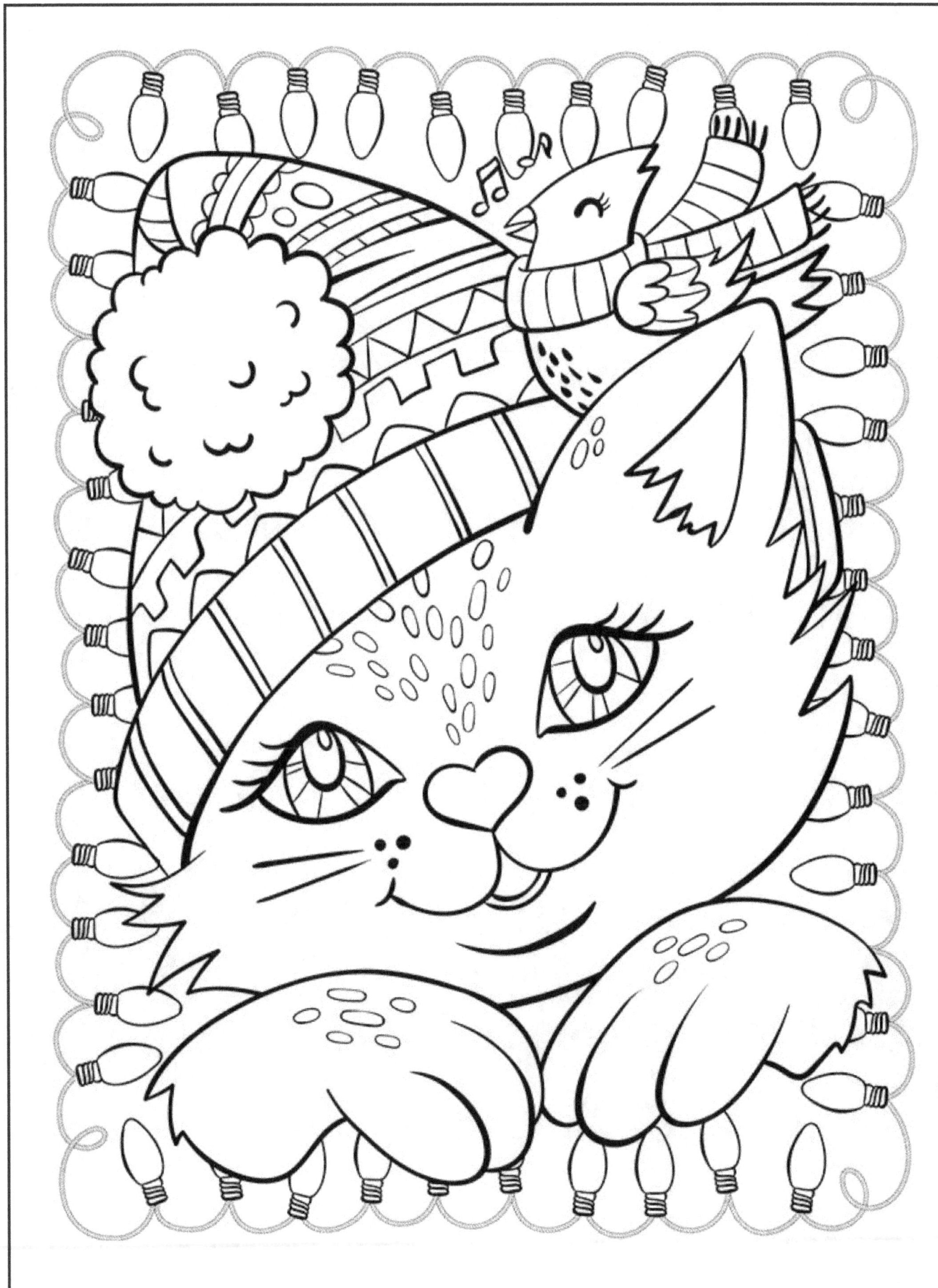

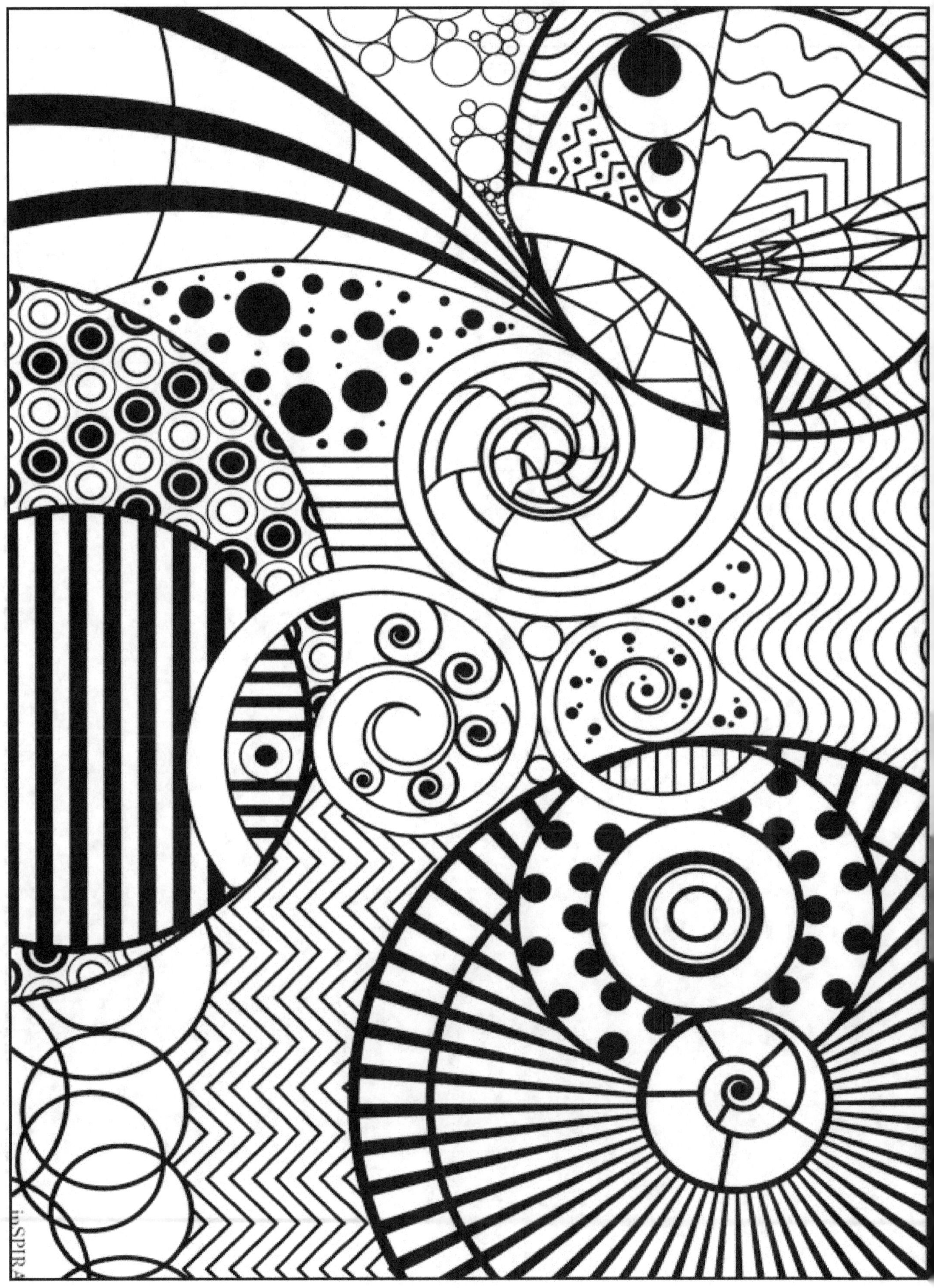
inSPIRA

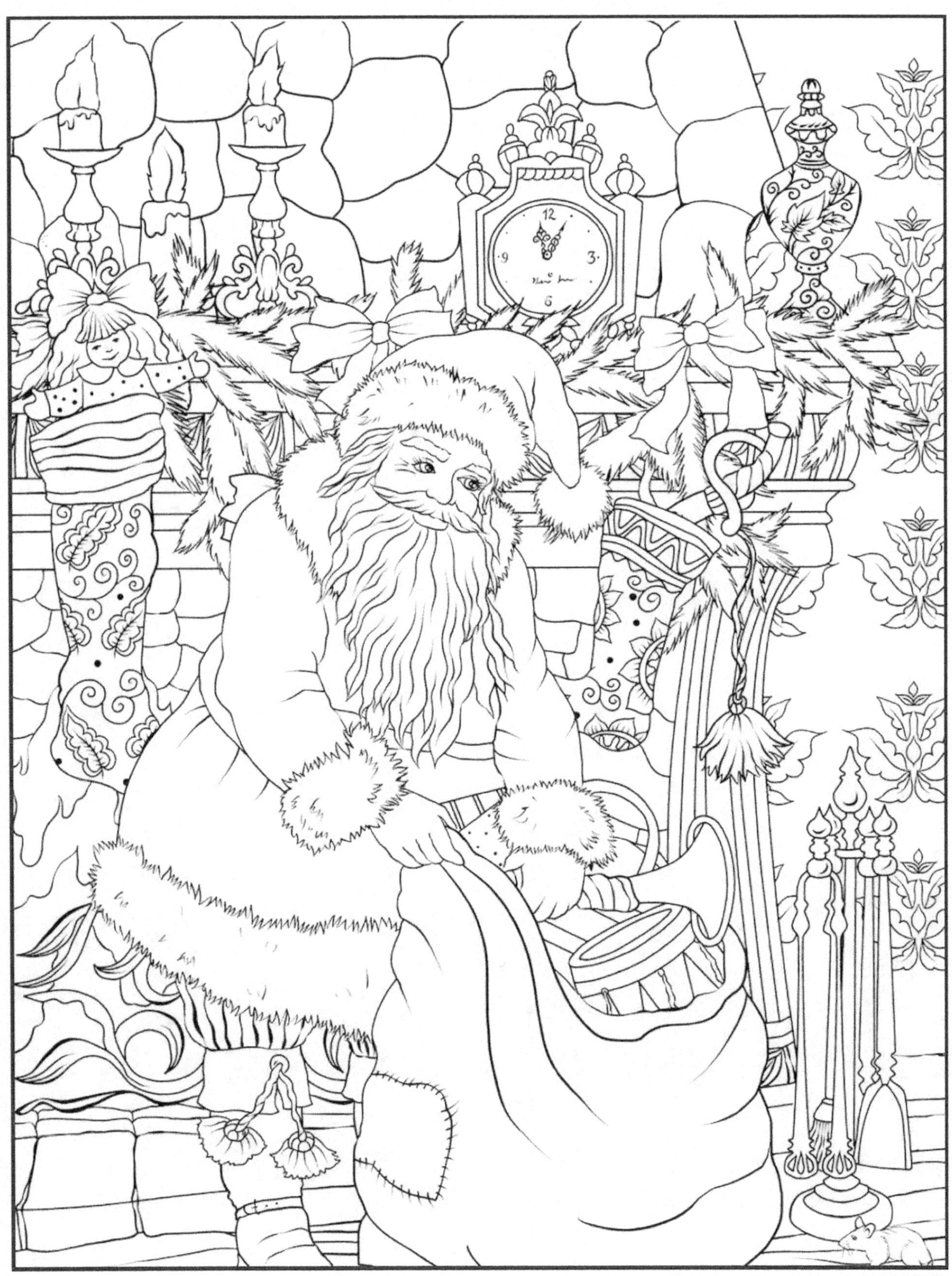

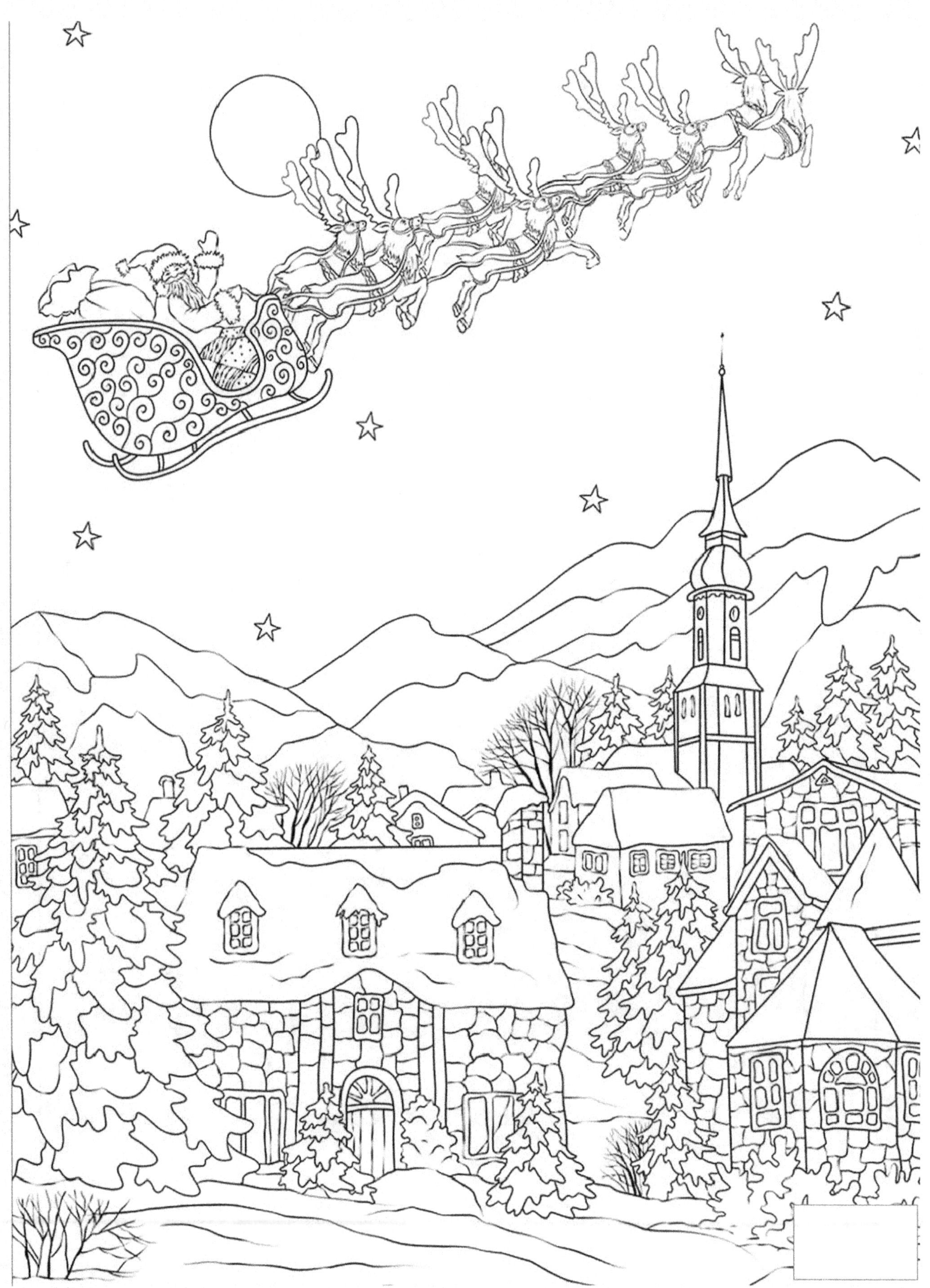

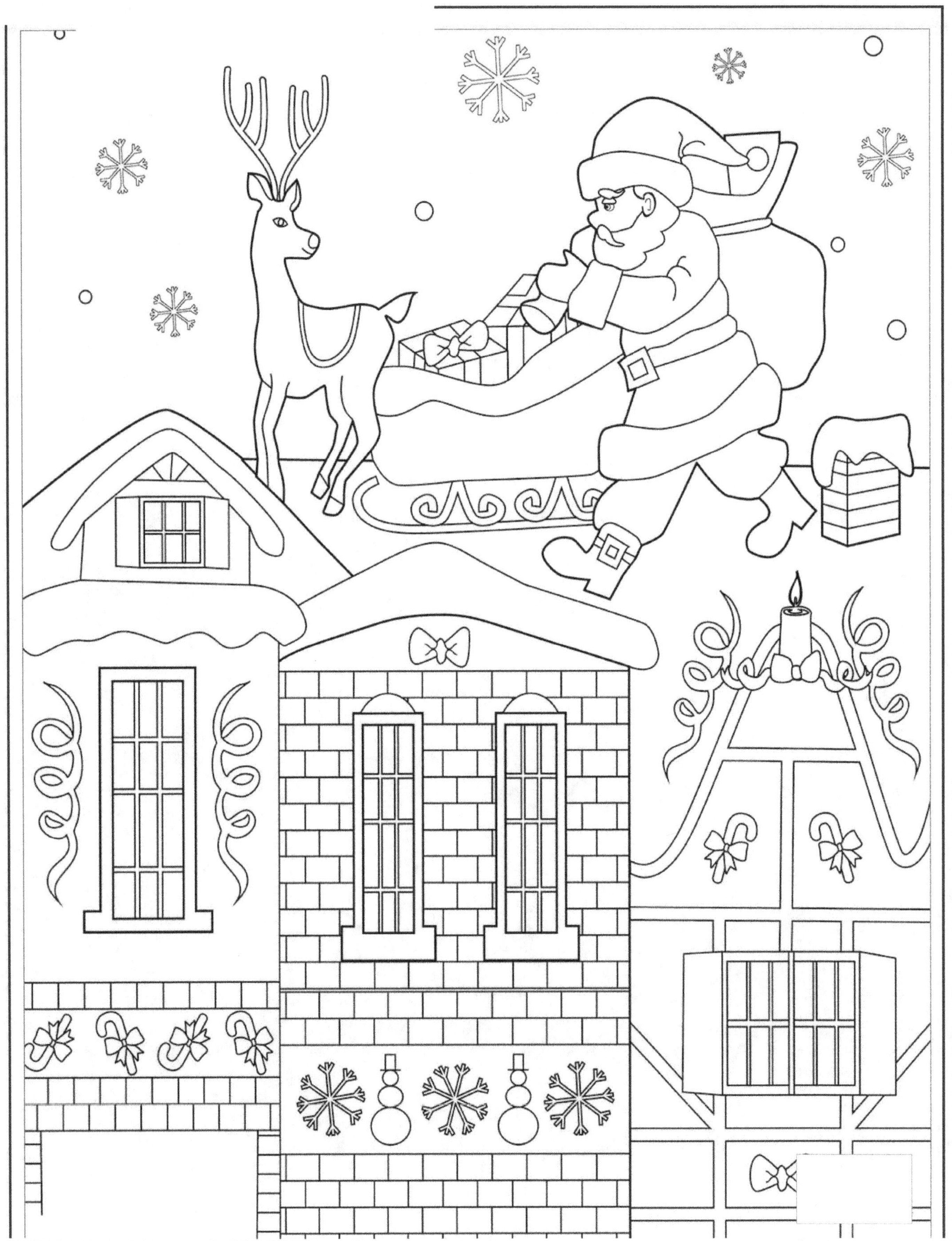

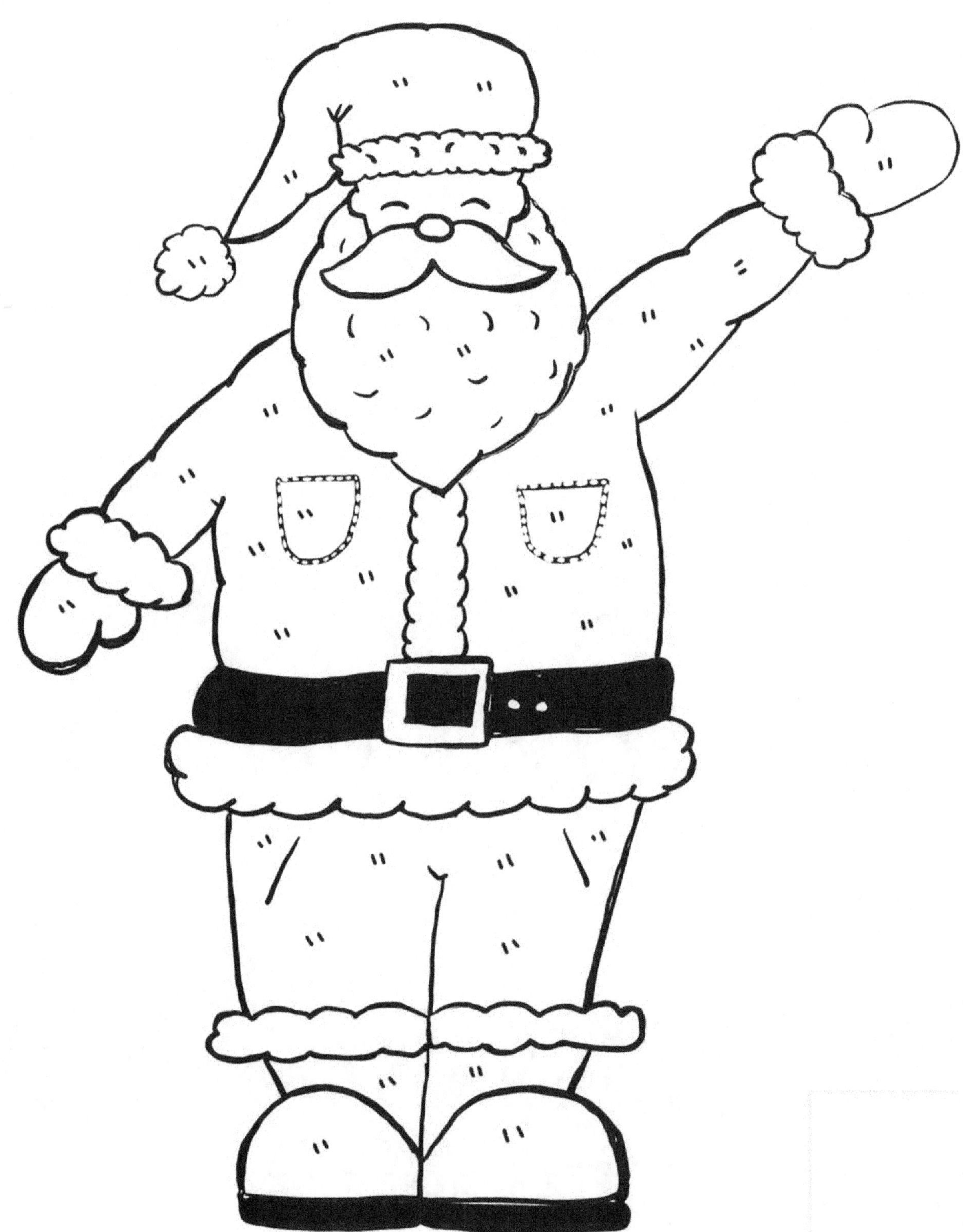

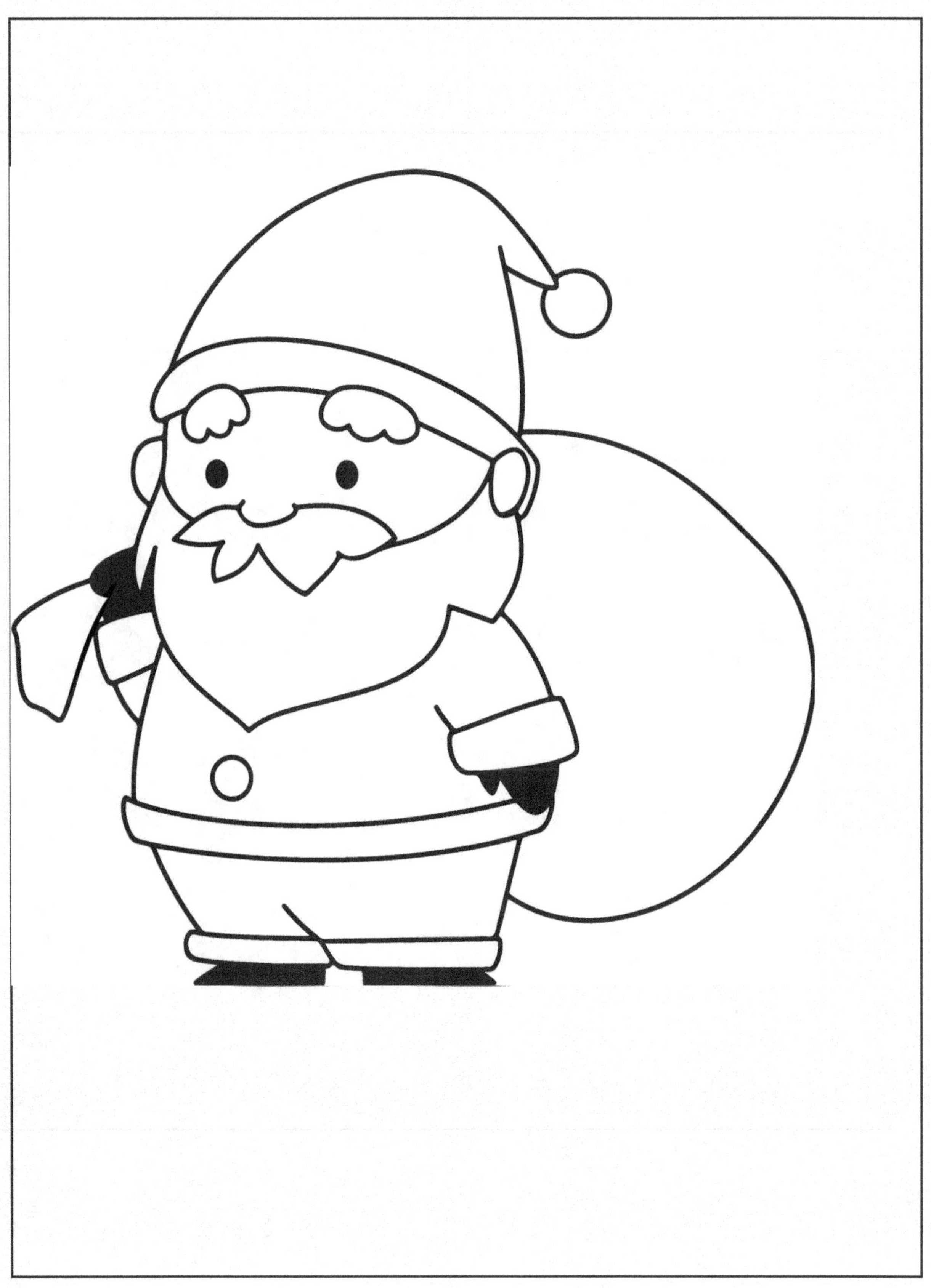

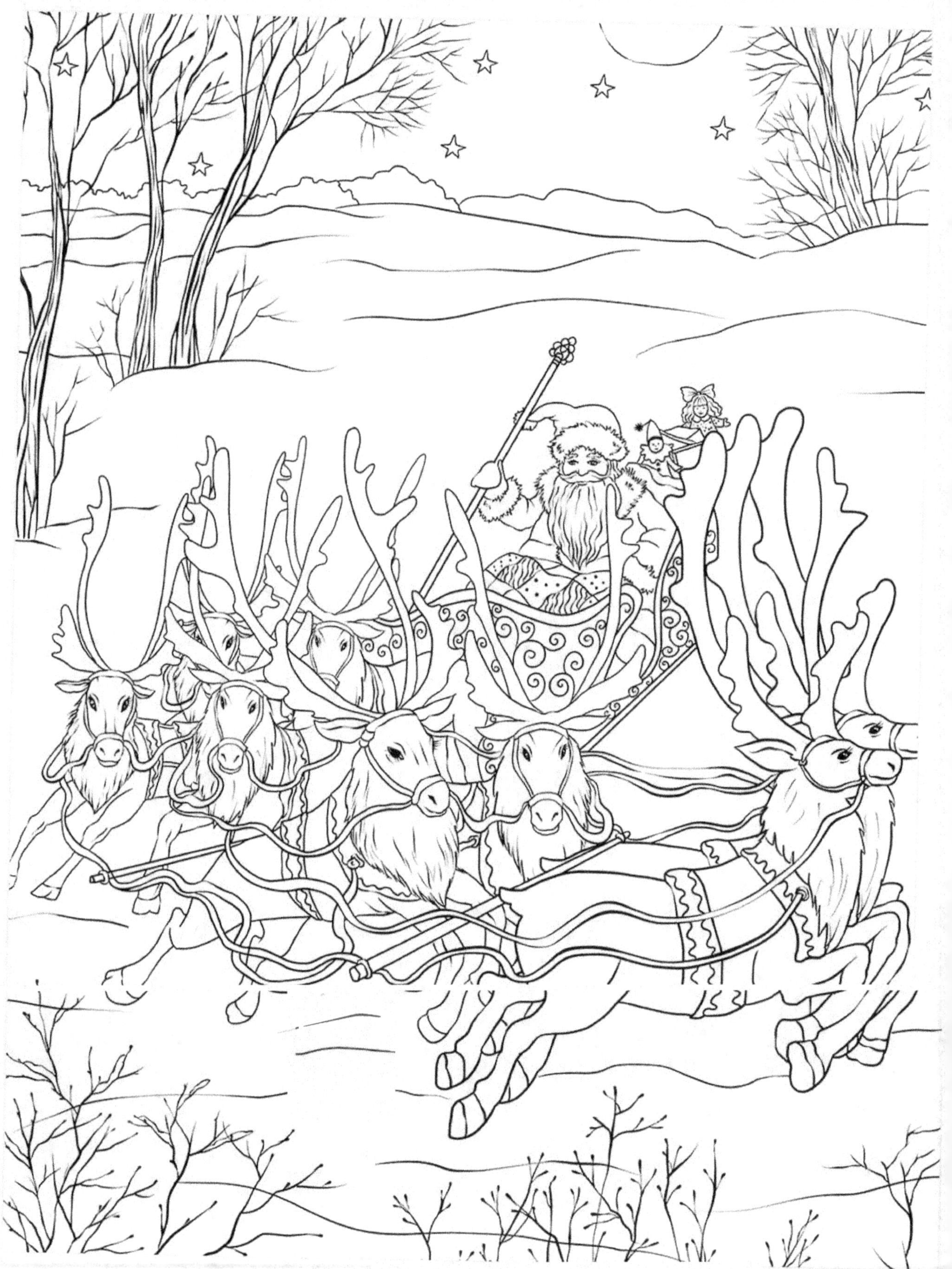

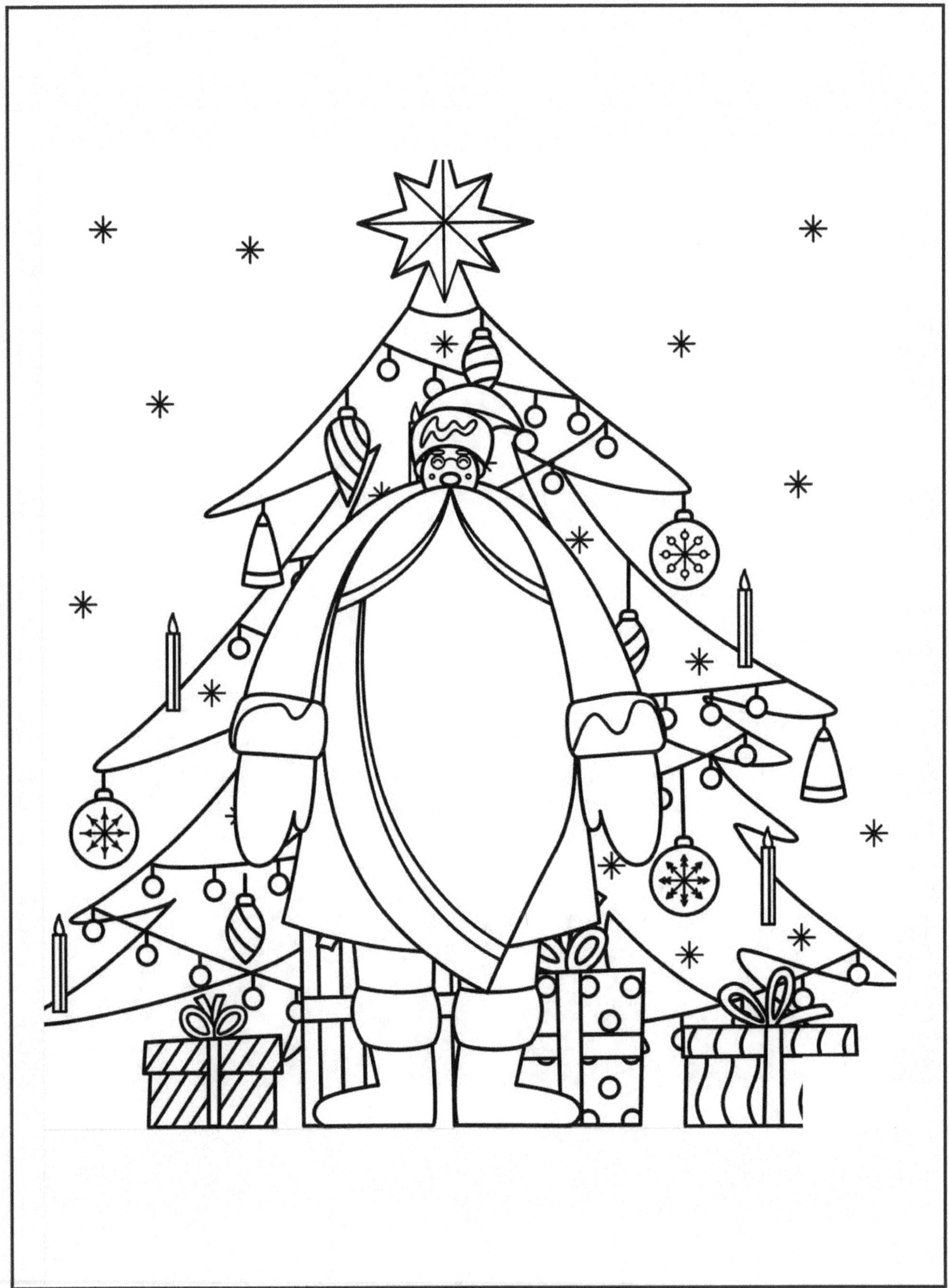

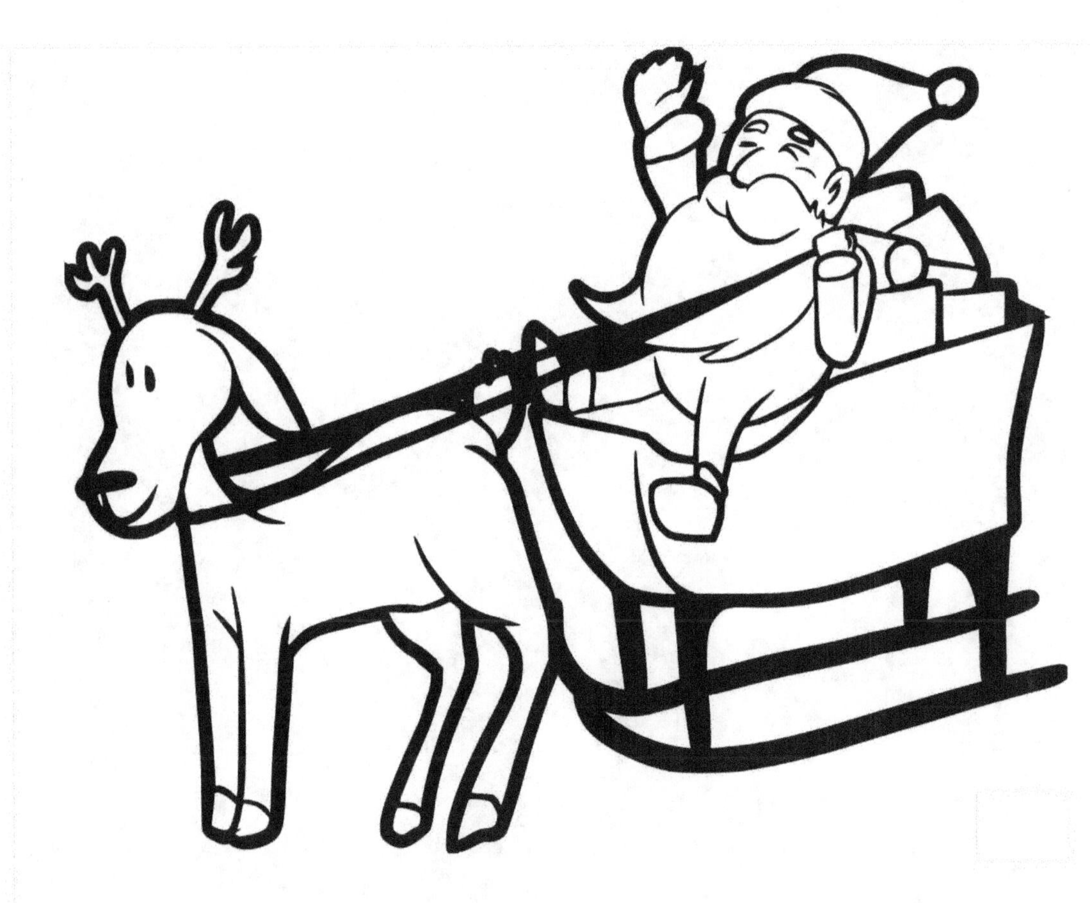

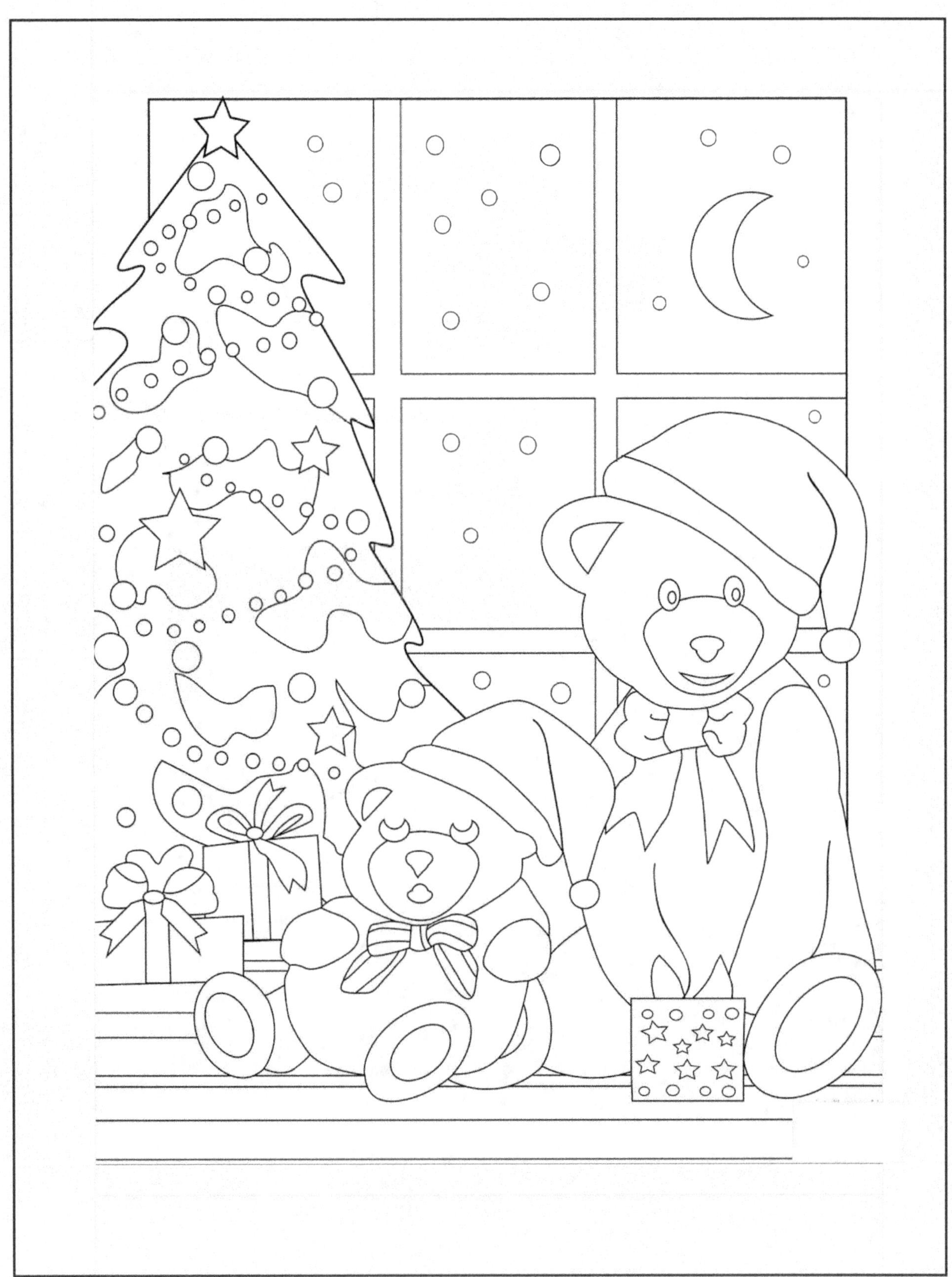

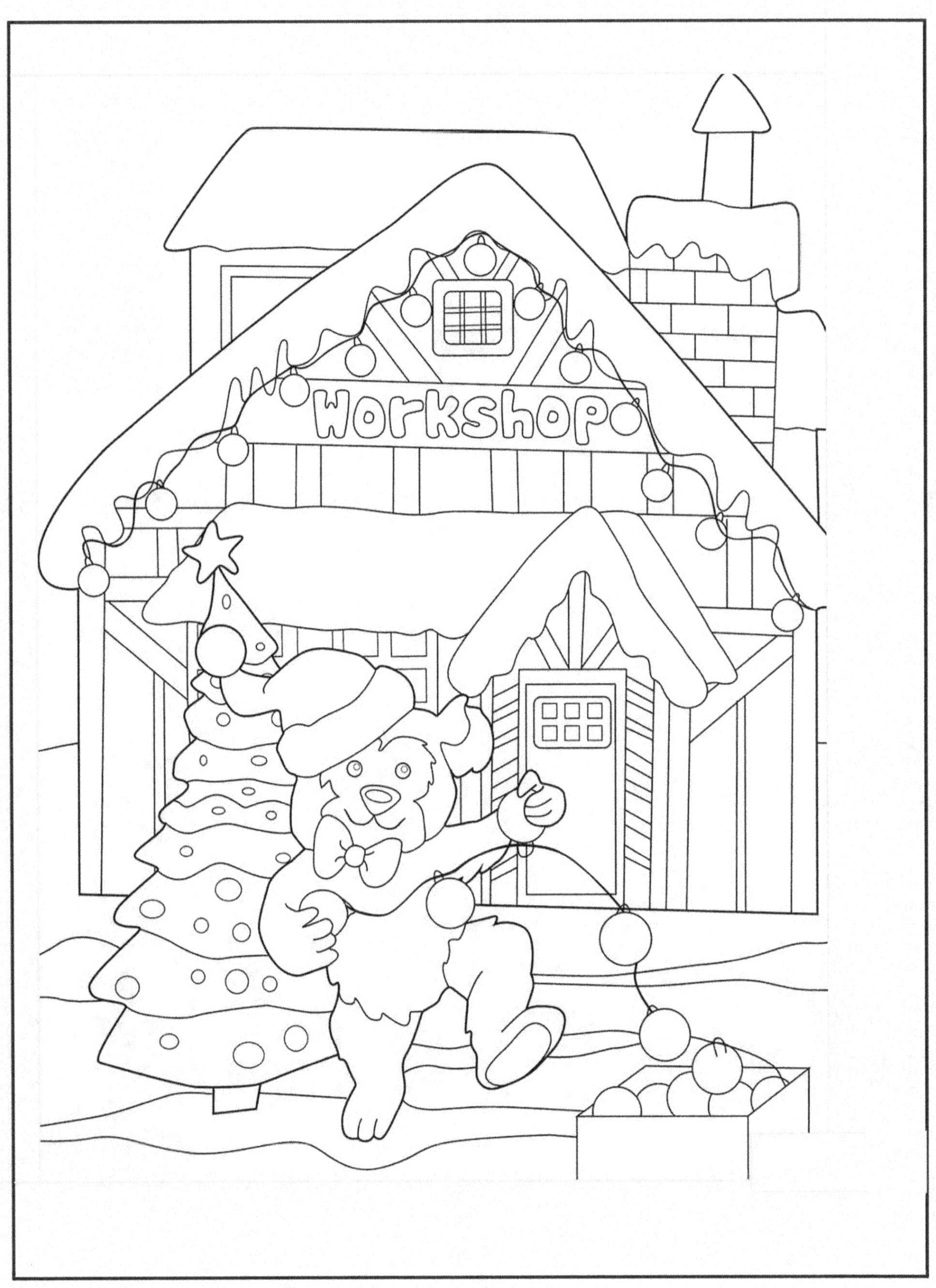

Workshop

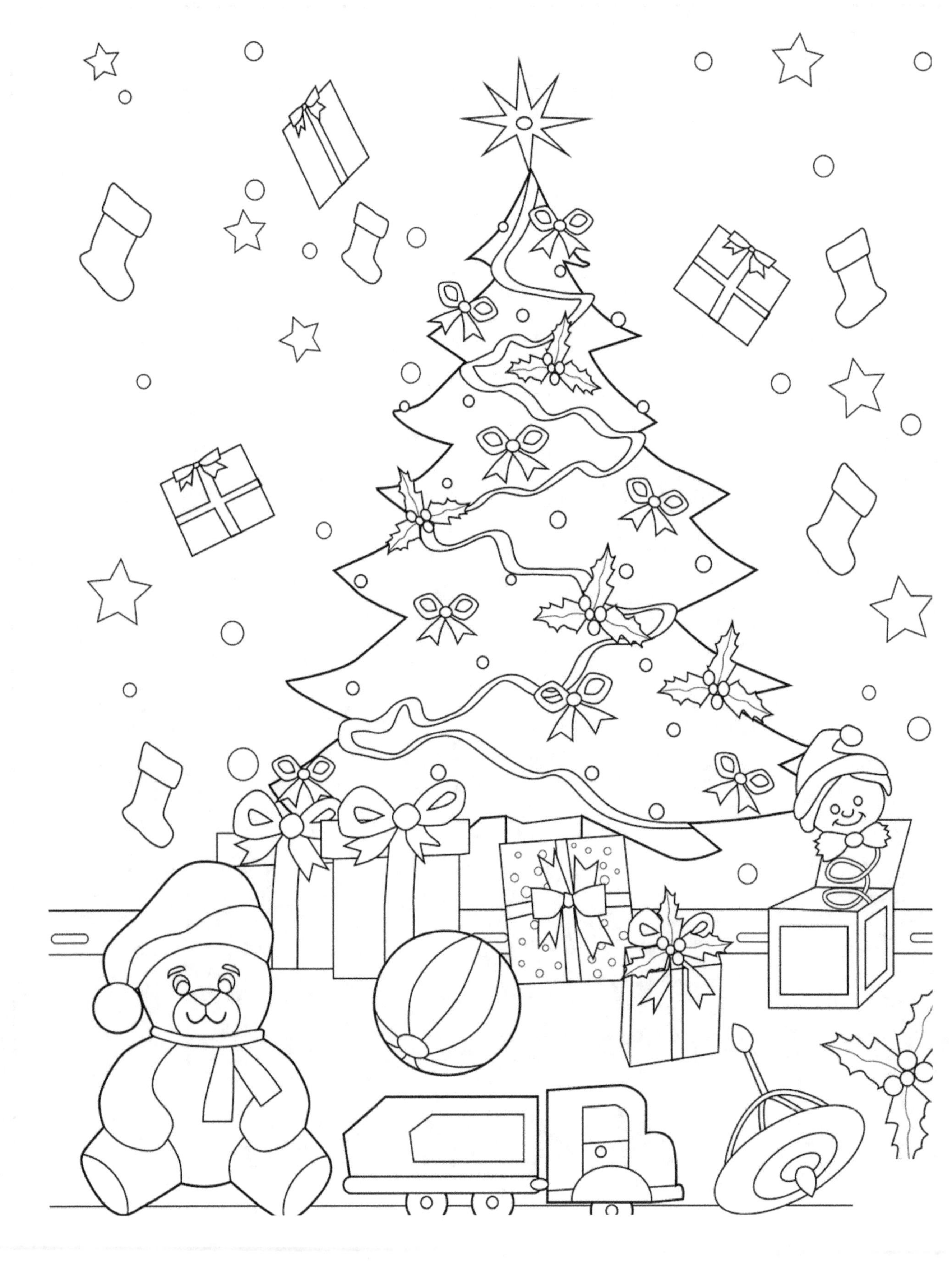

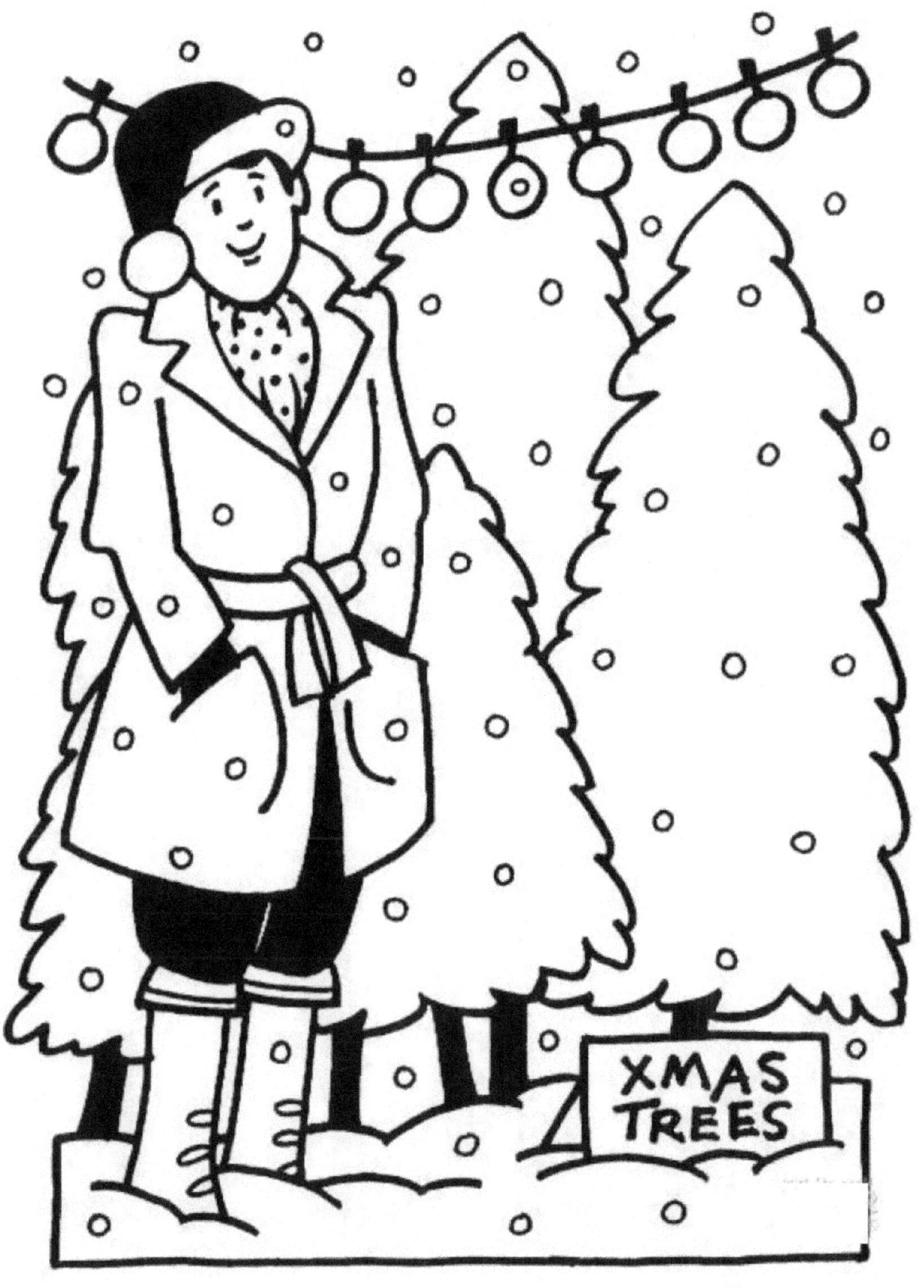

XMAS
TREES

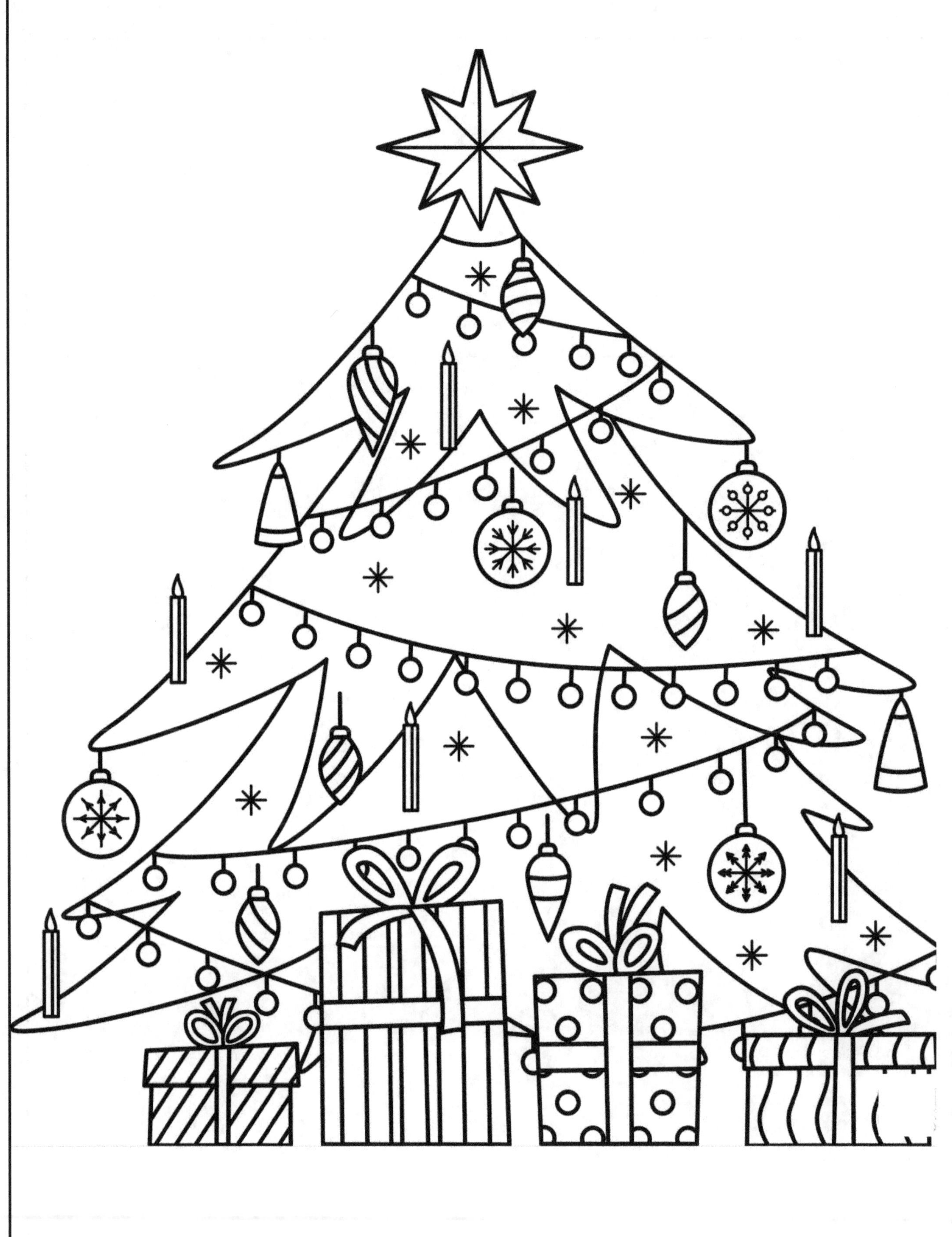

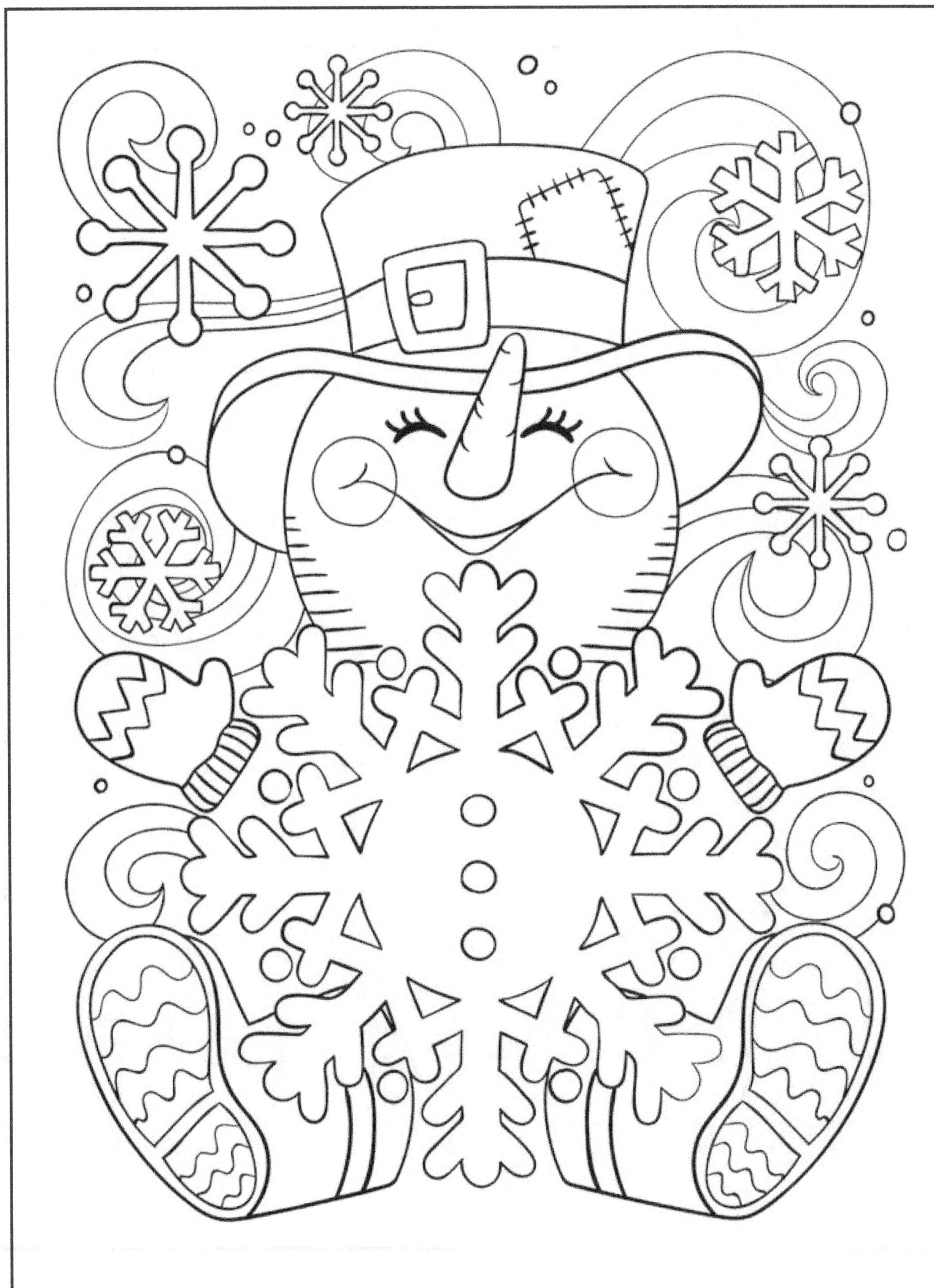

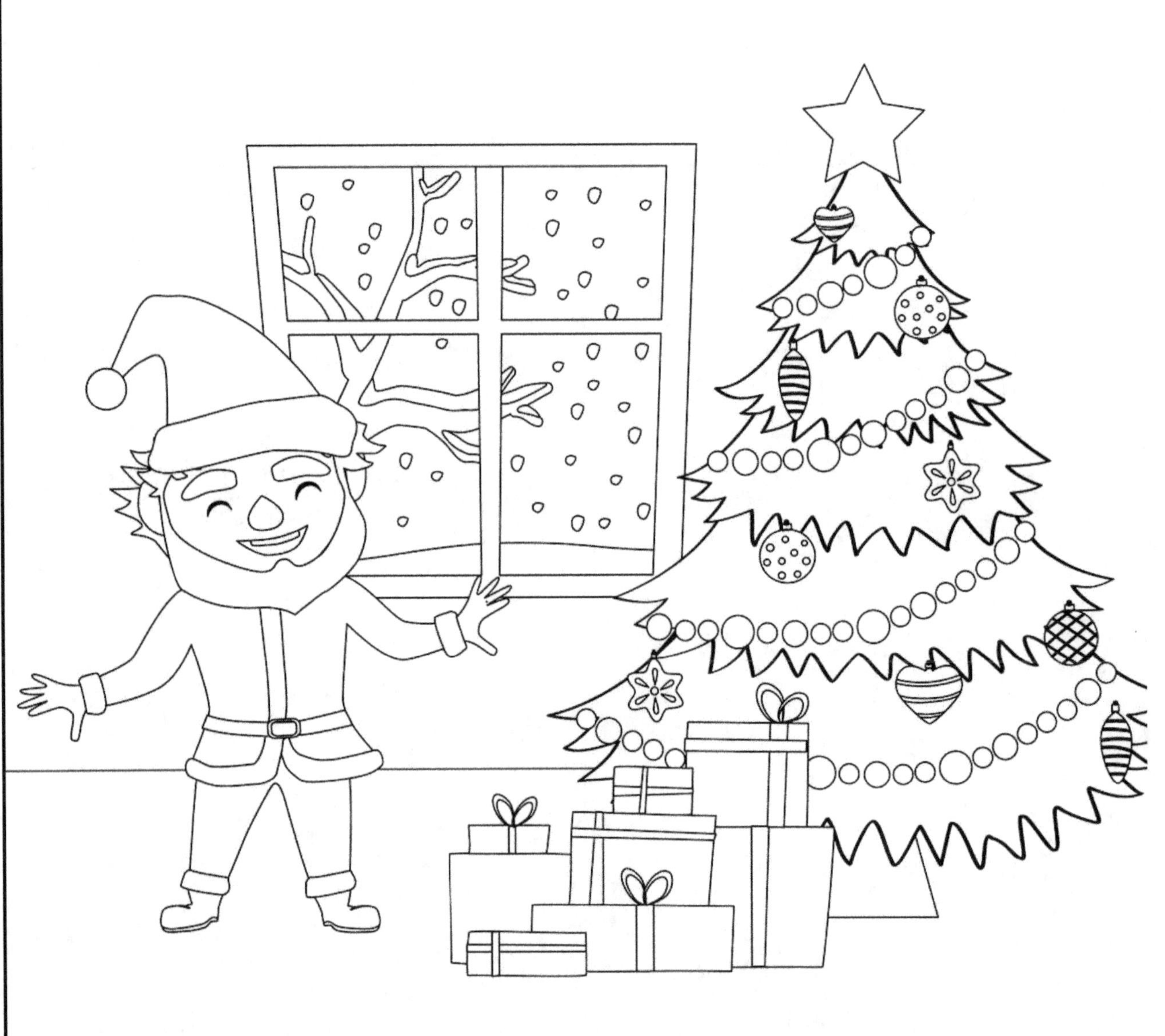

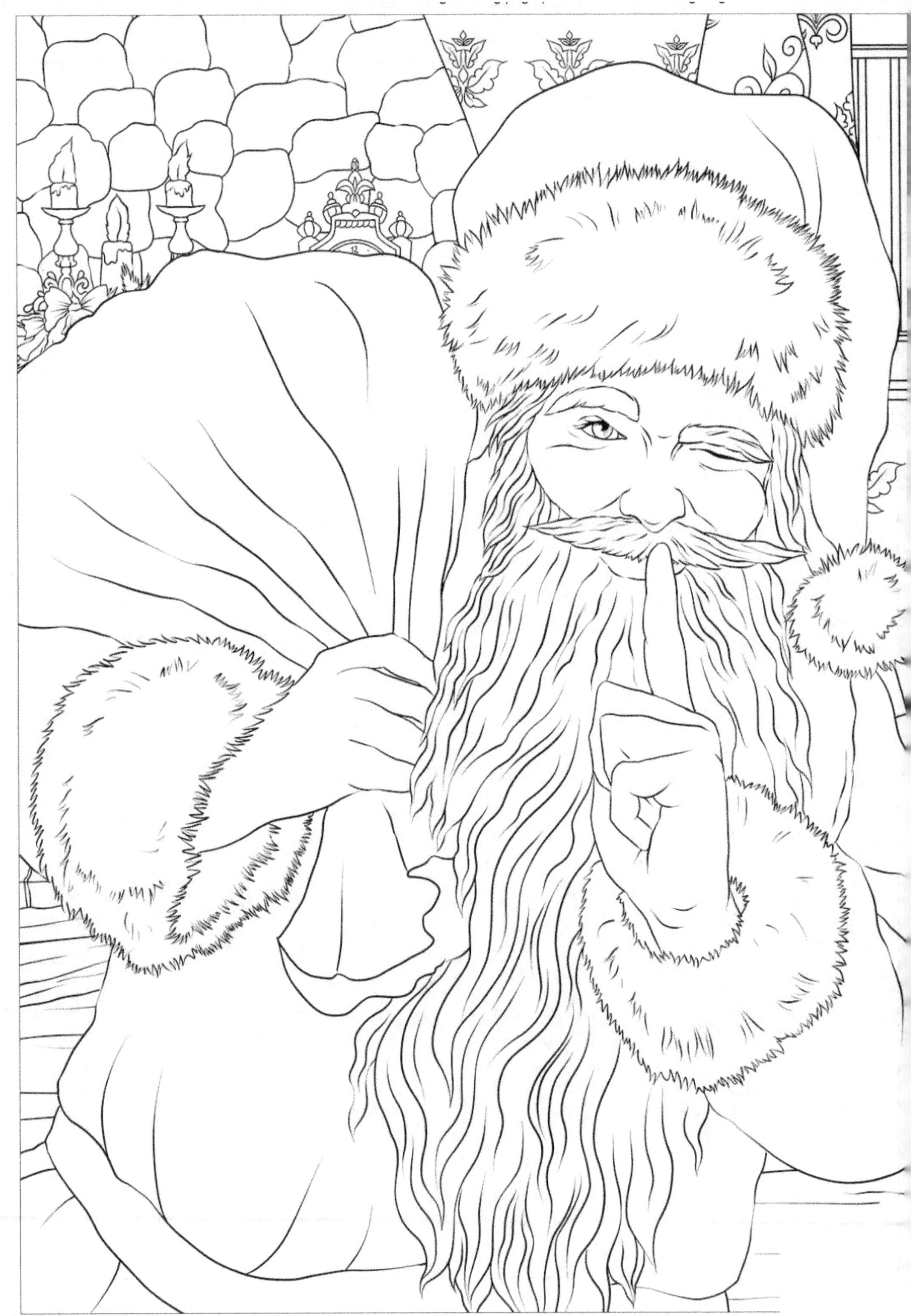

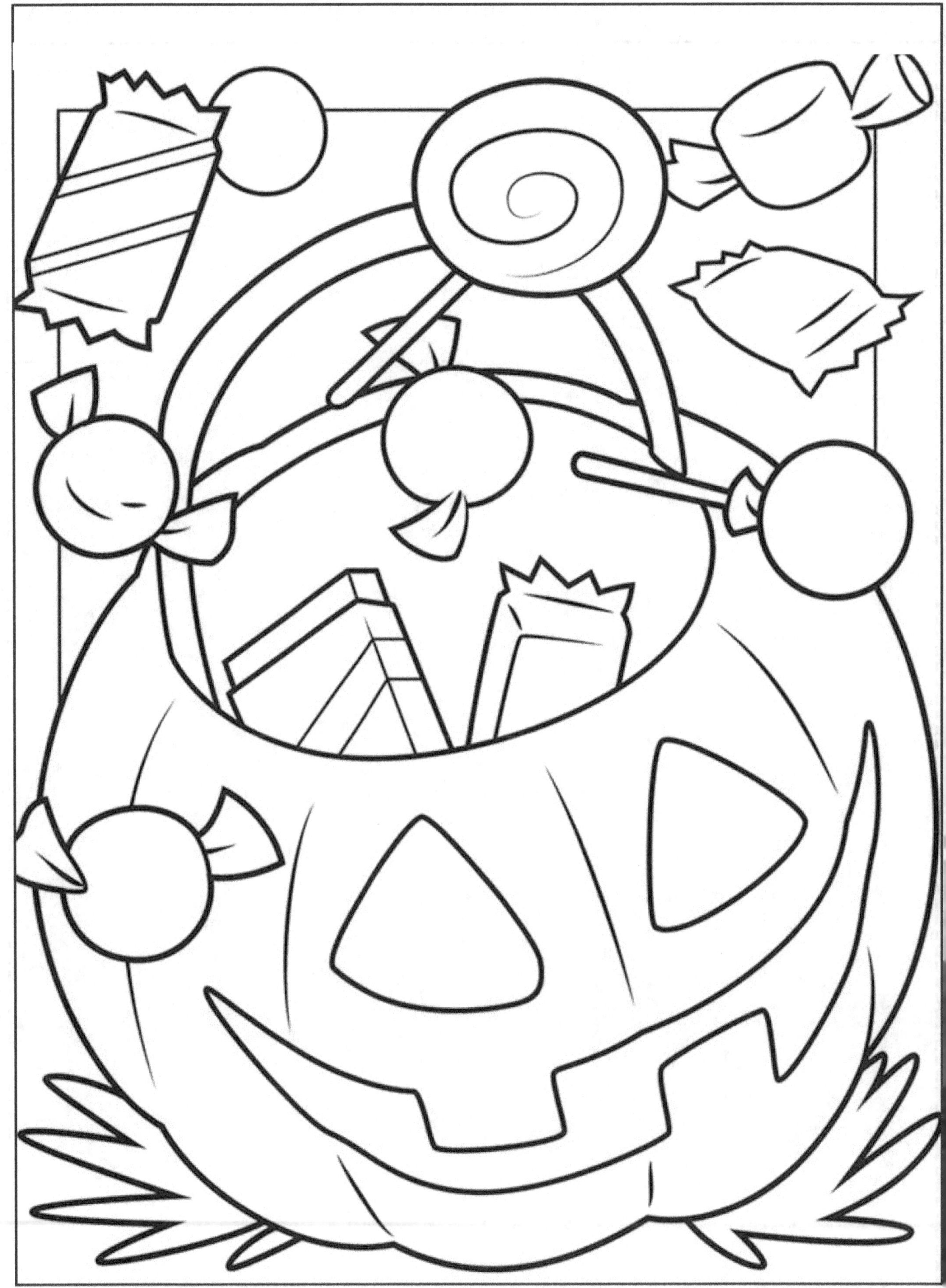

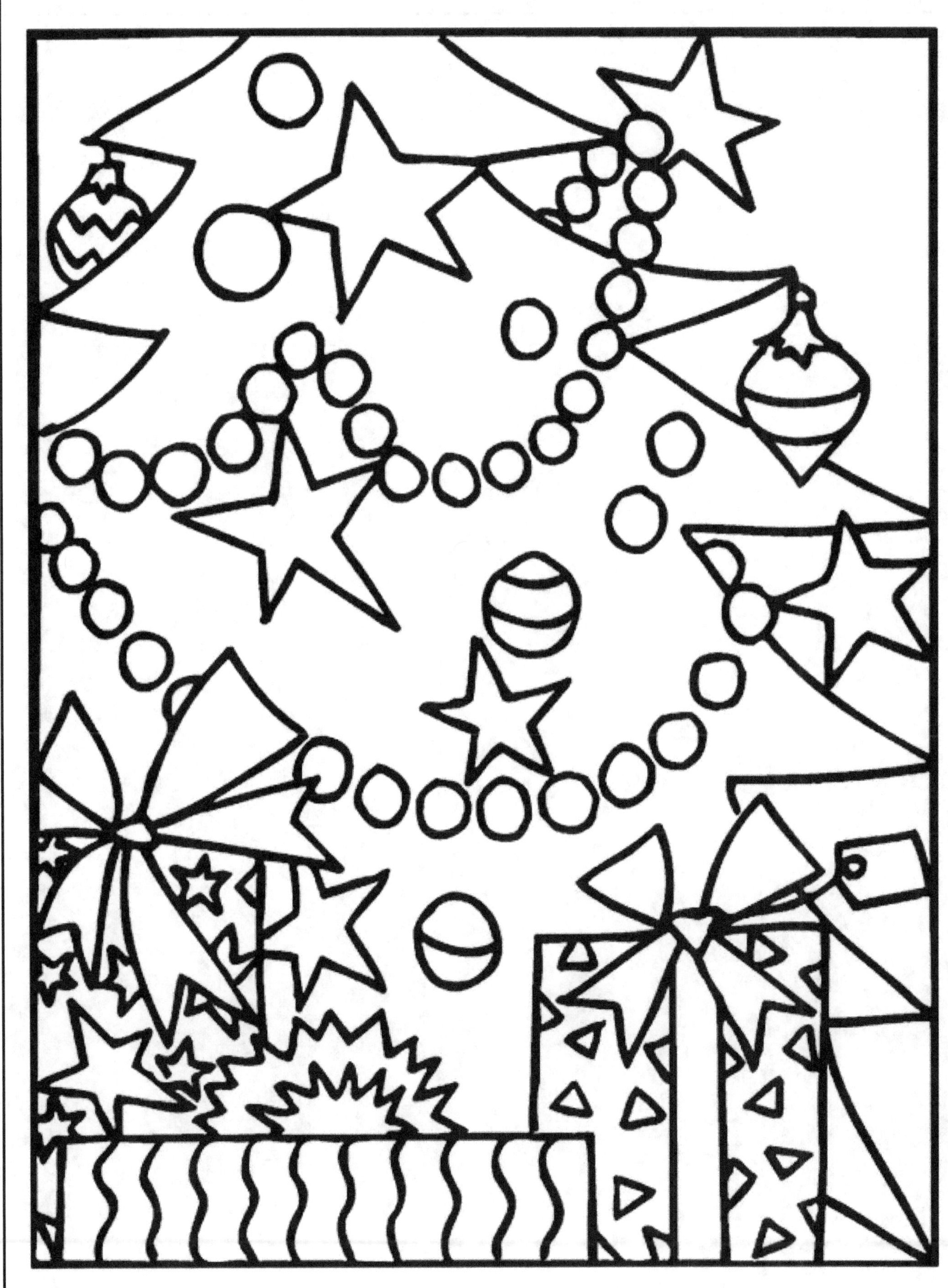

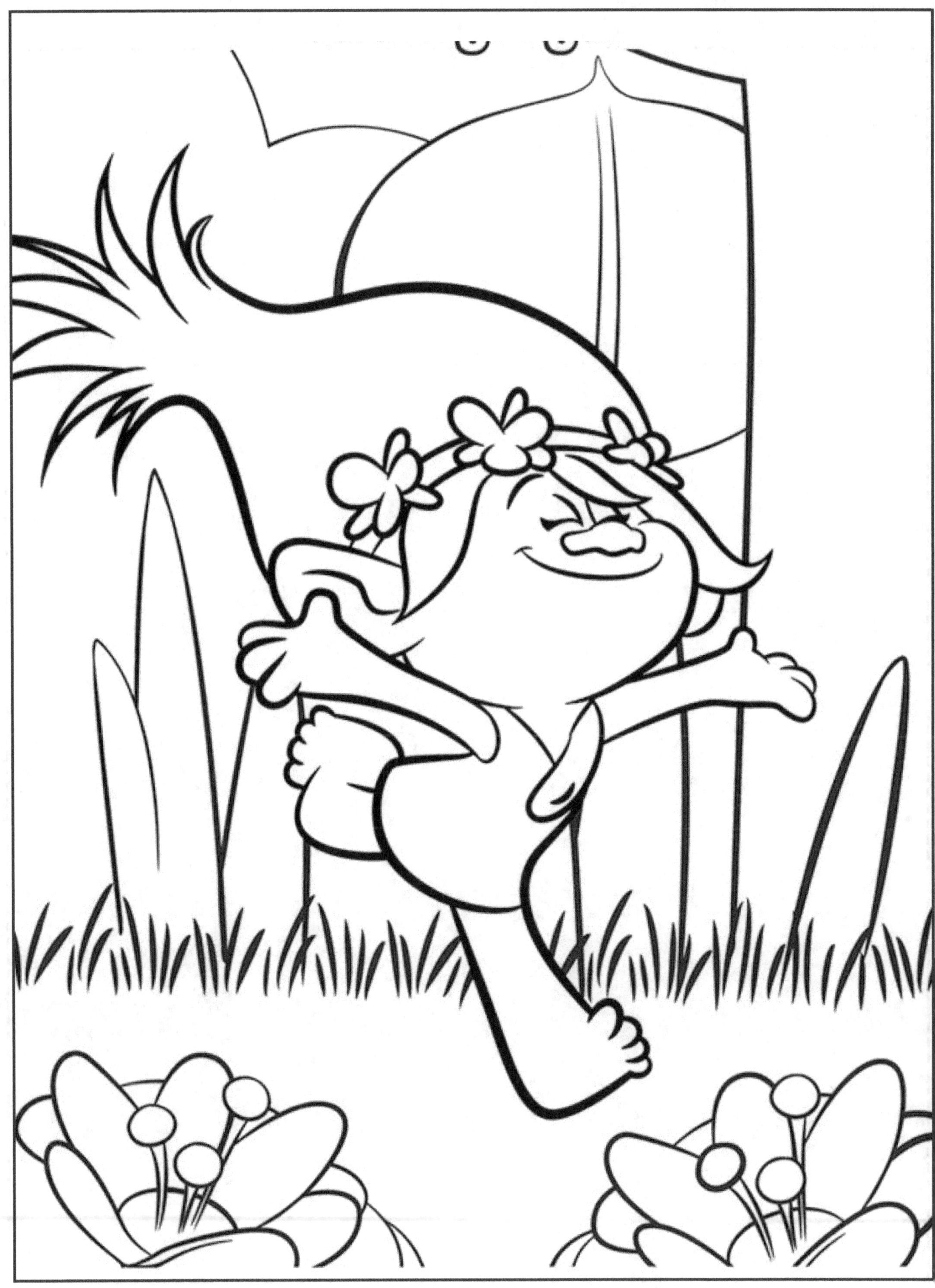

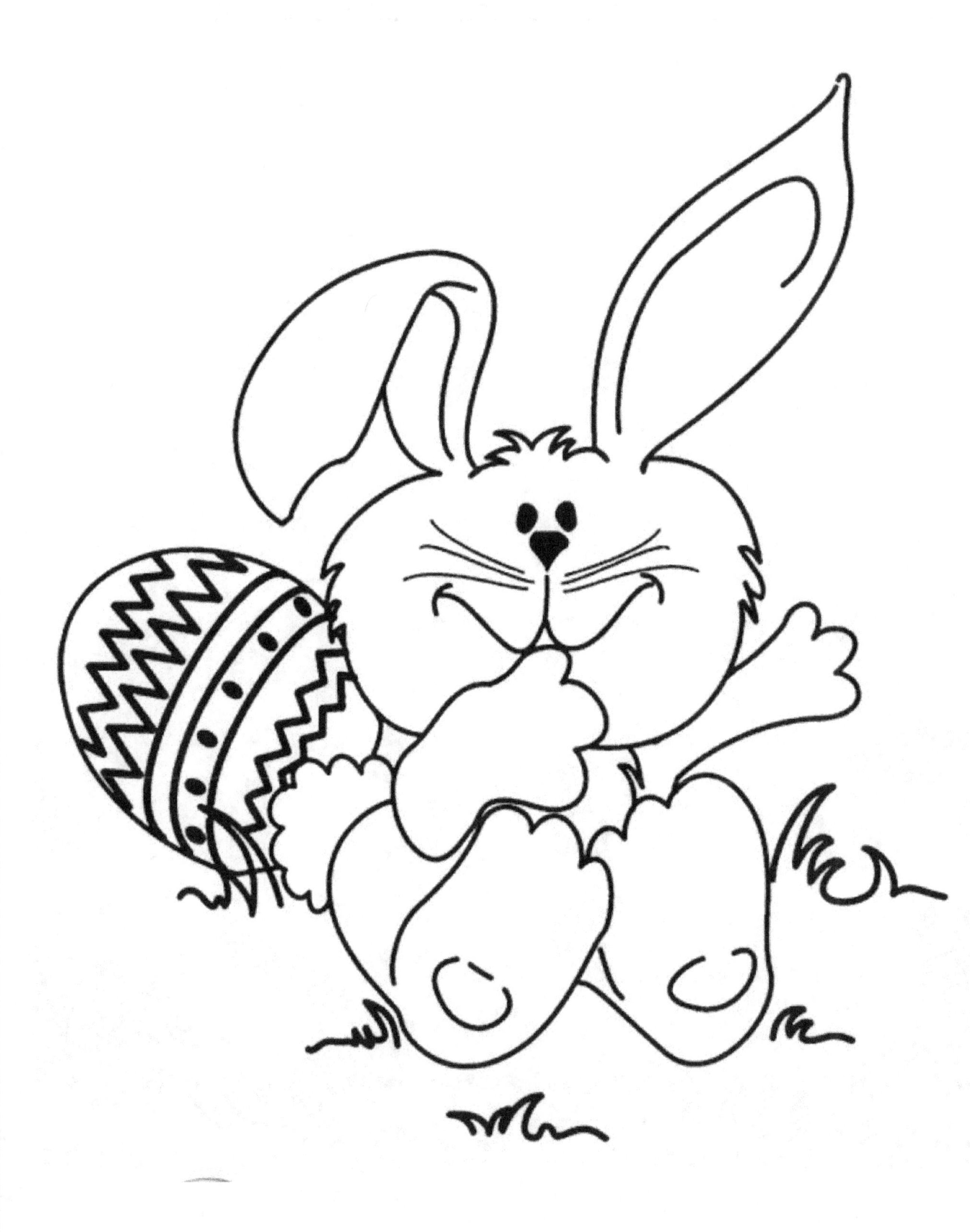

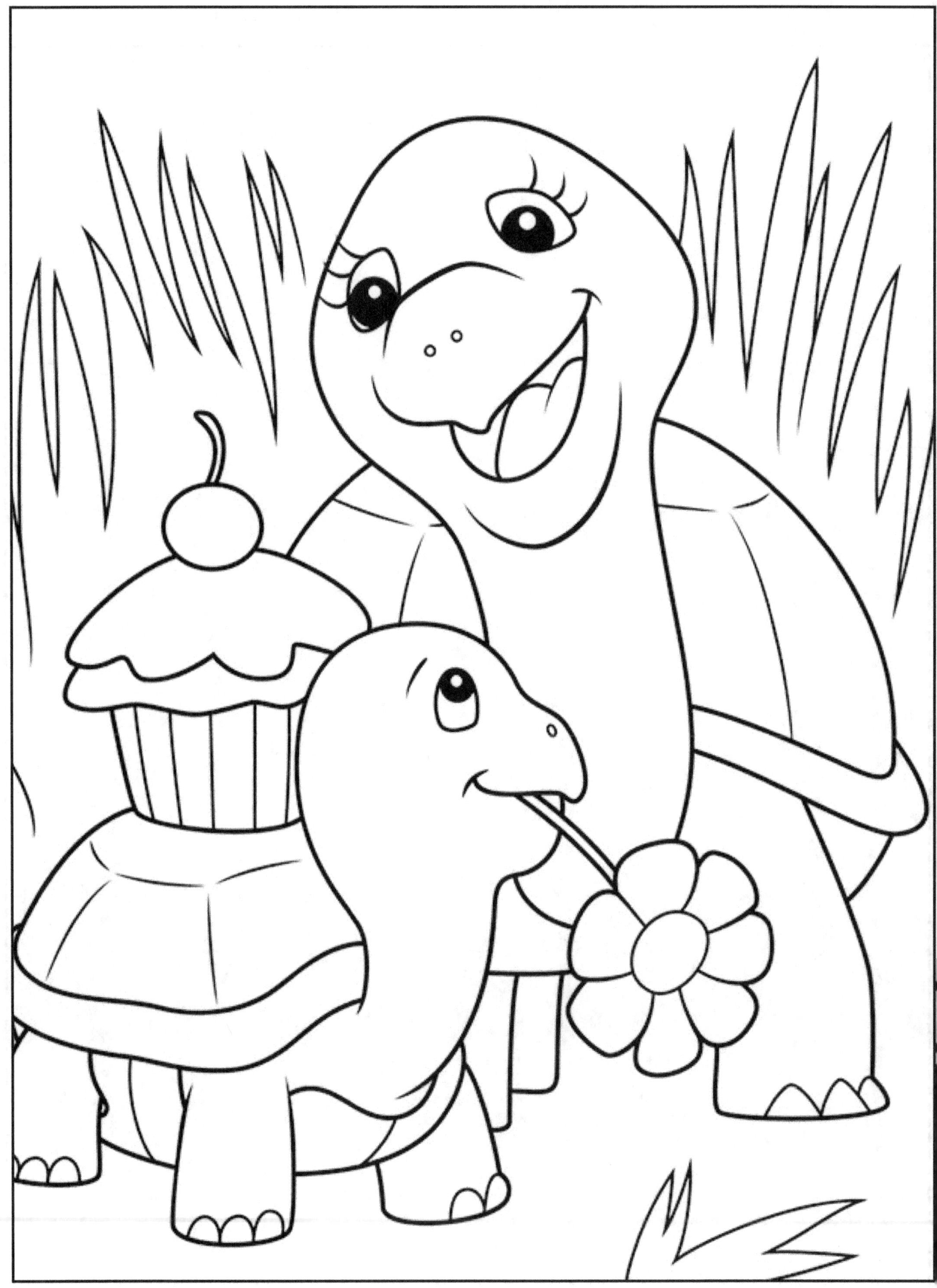

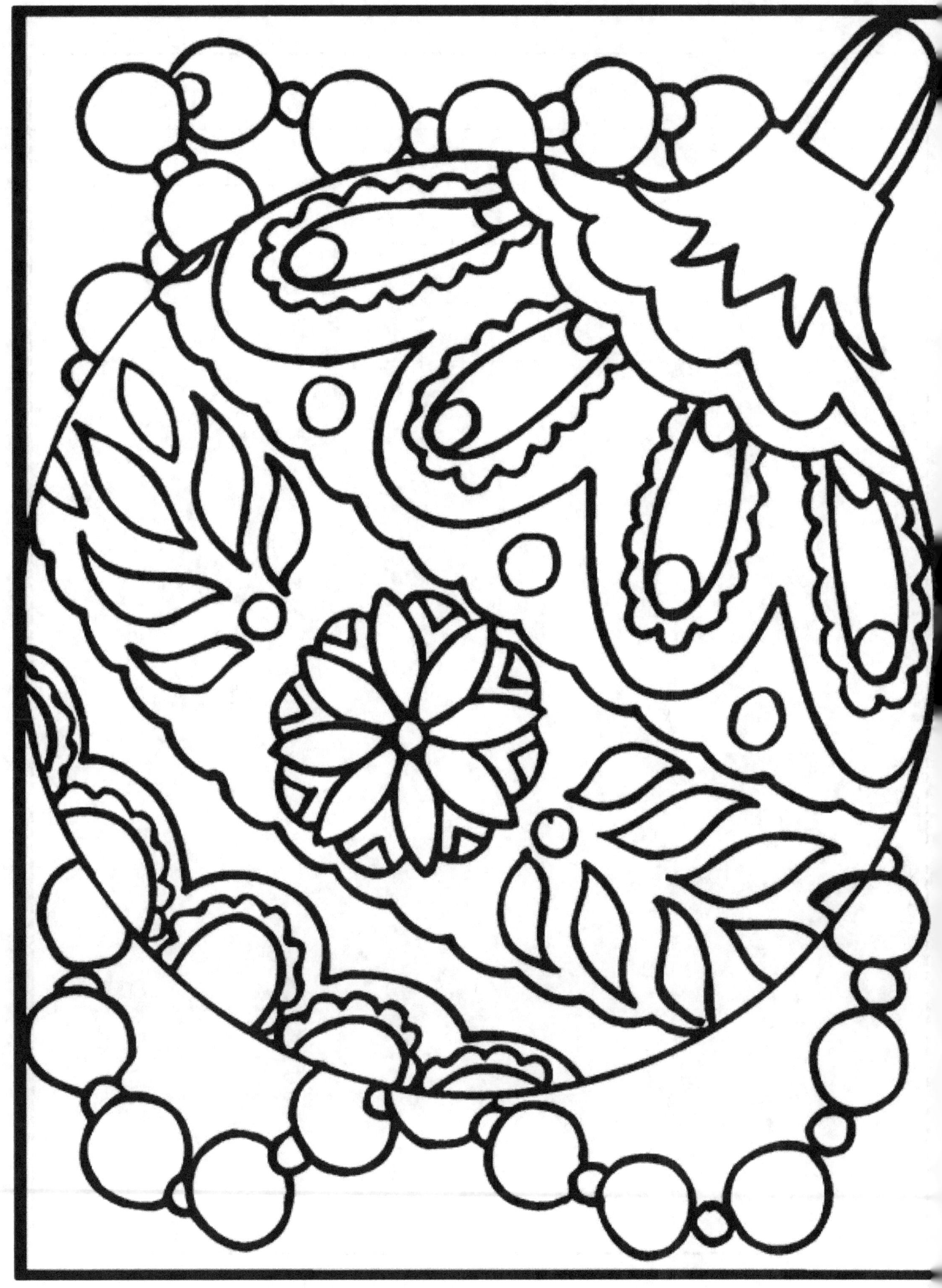

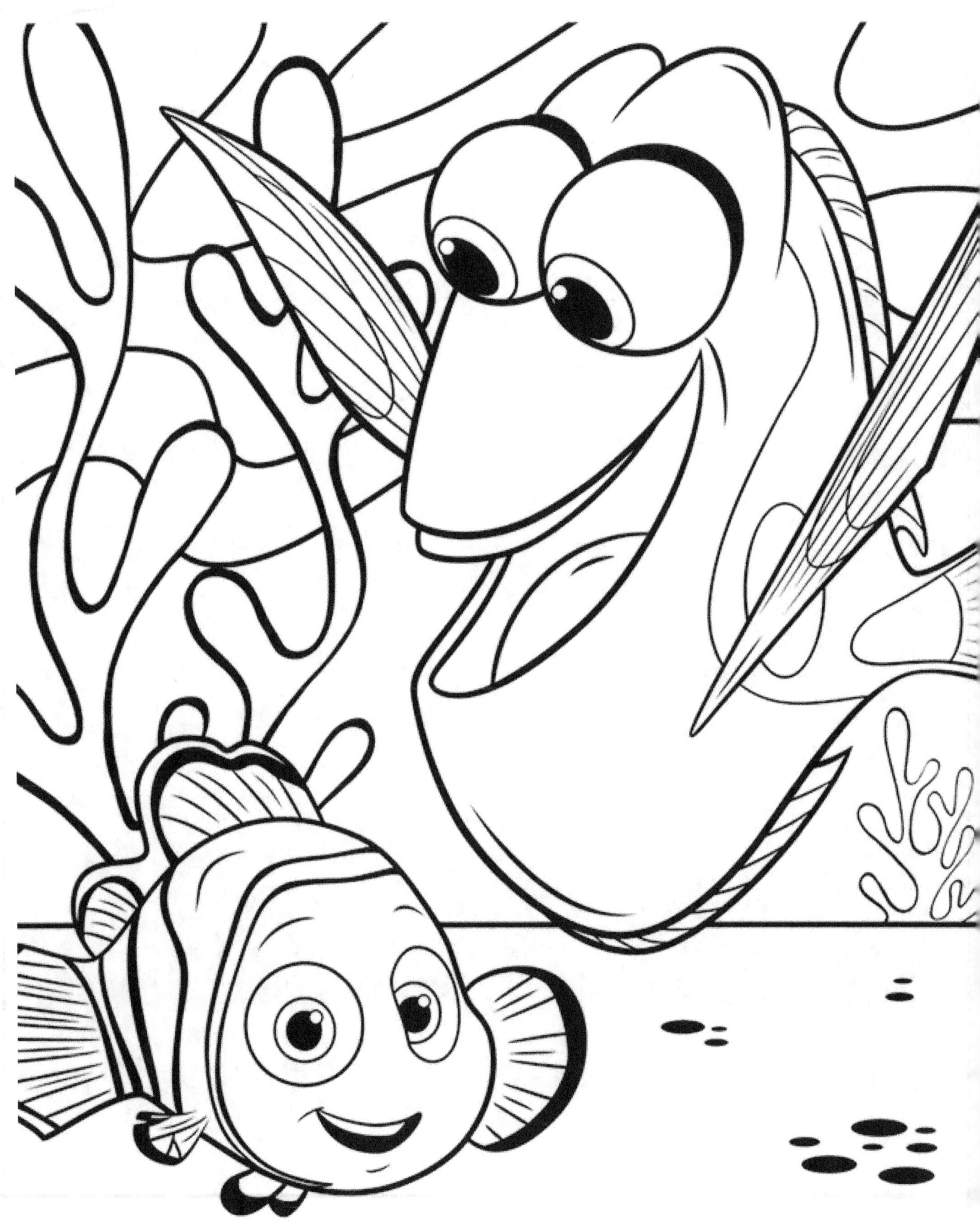

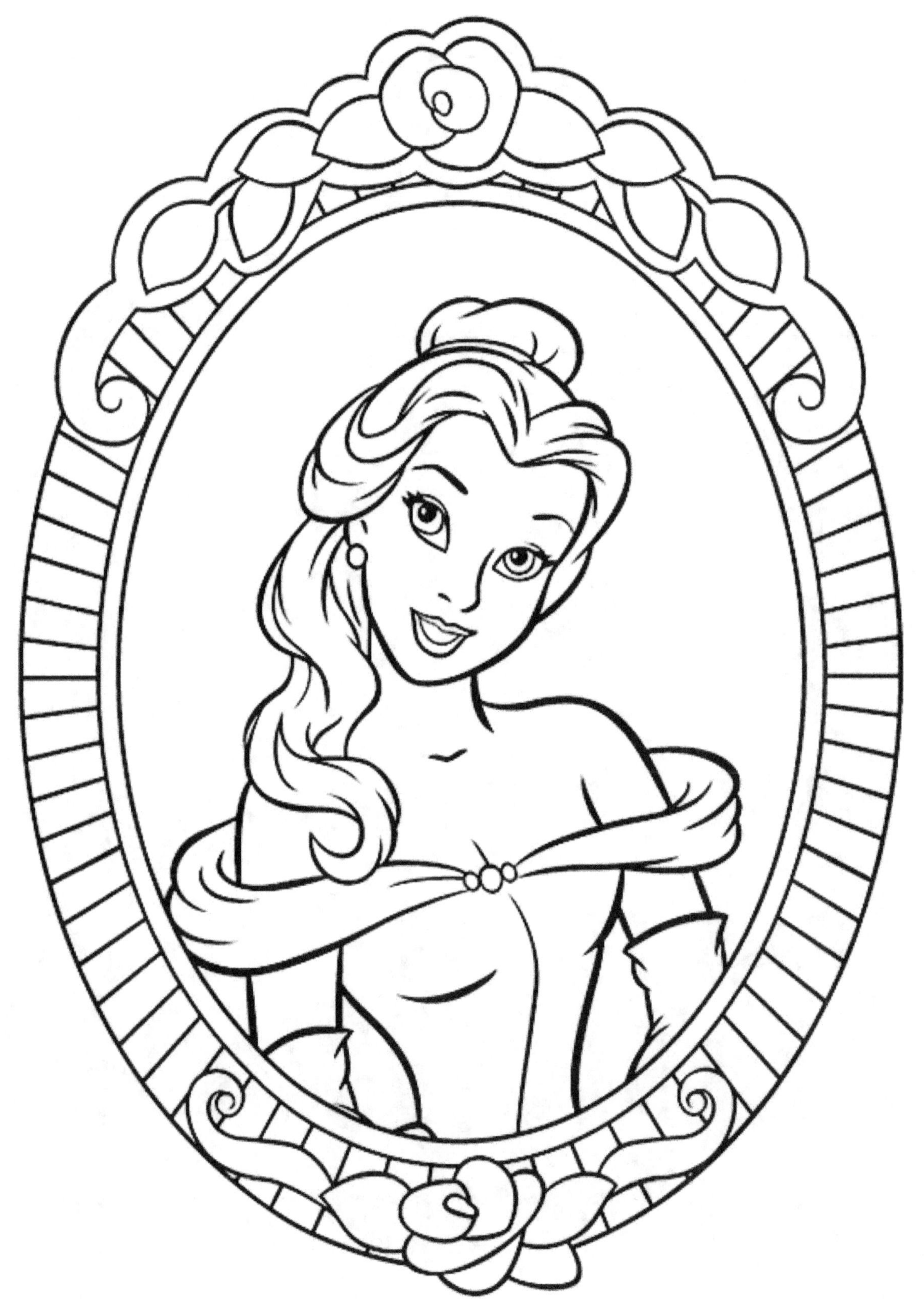

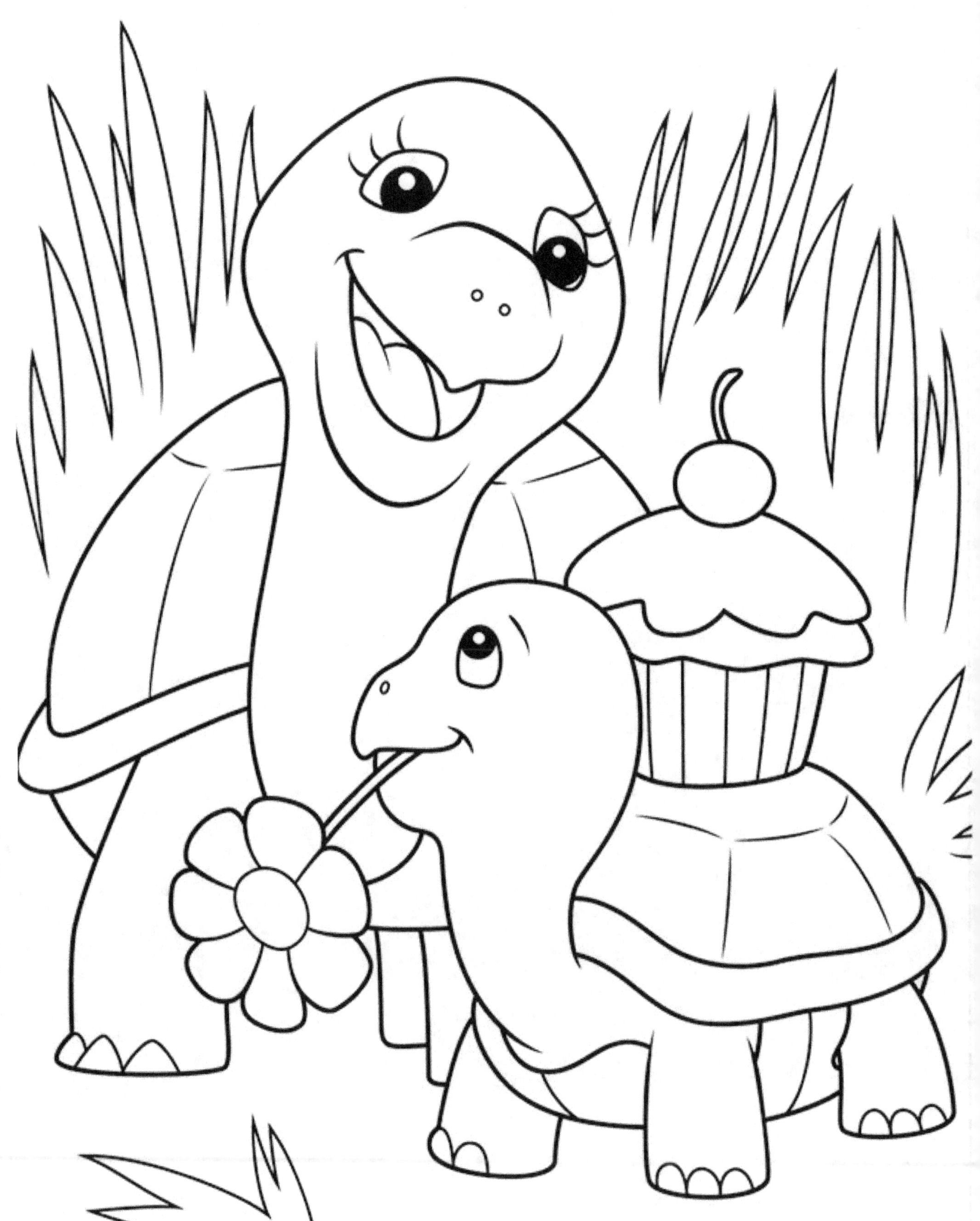

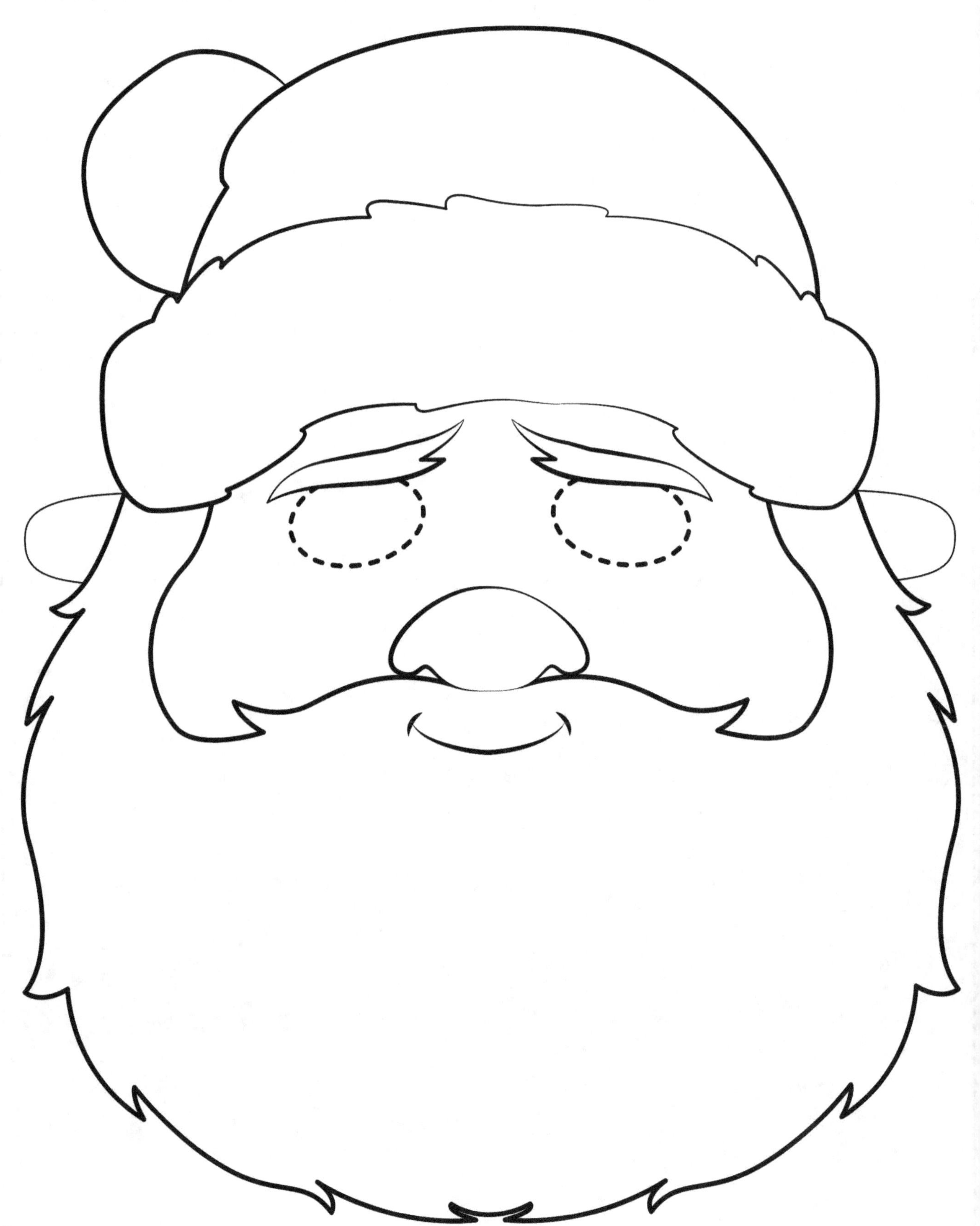

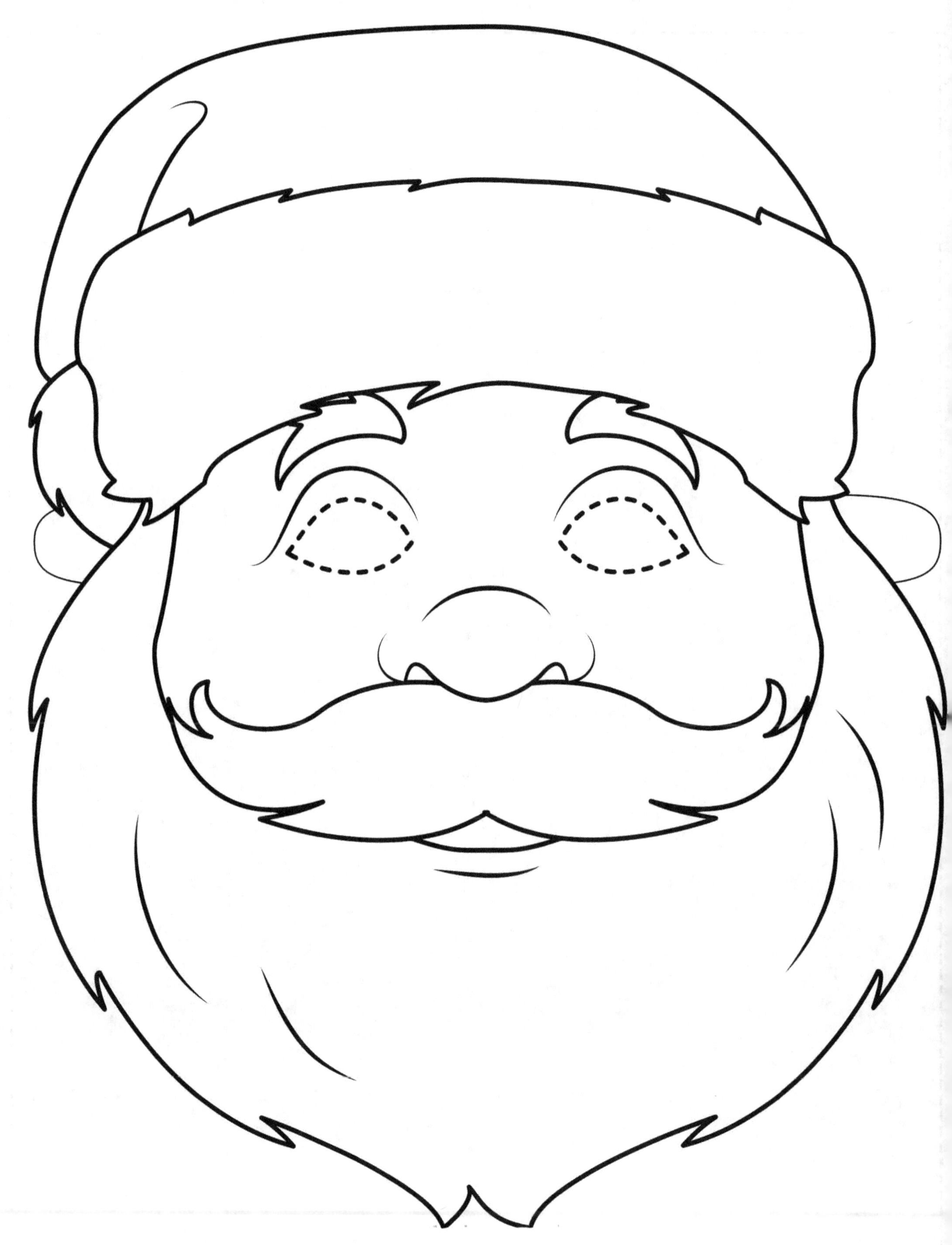

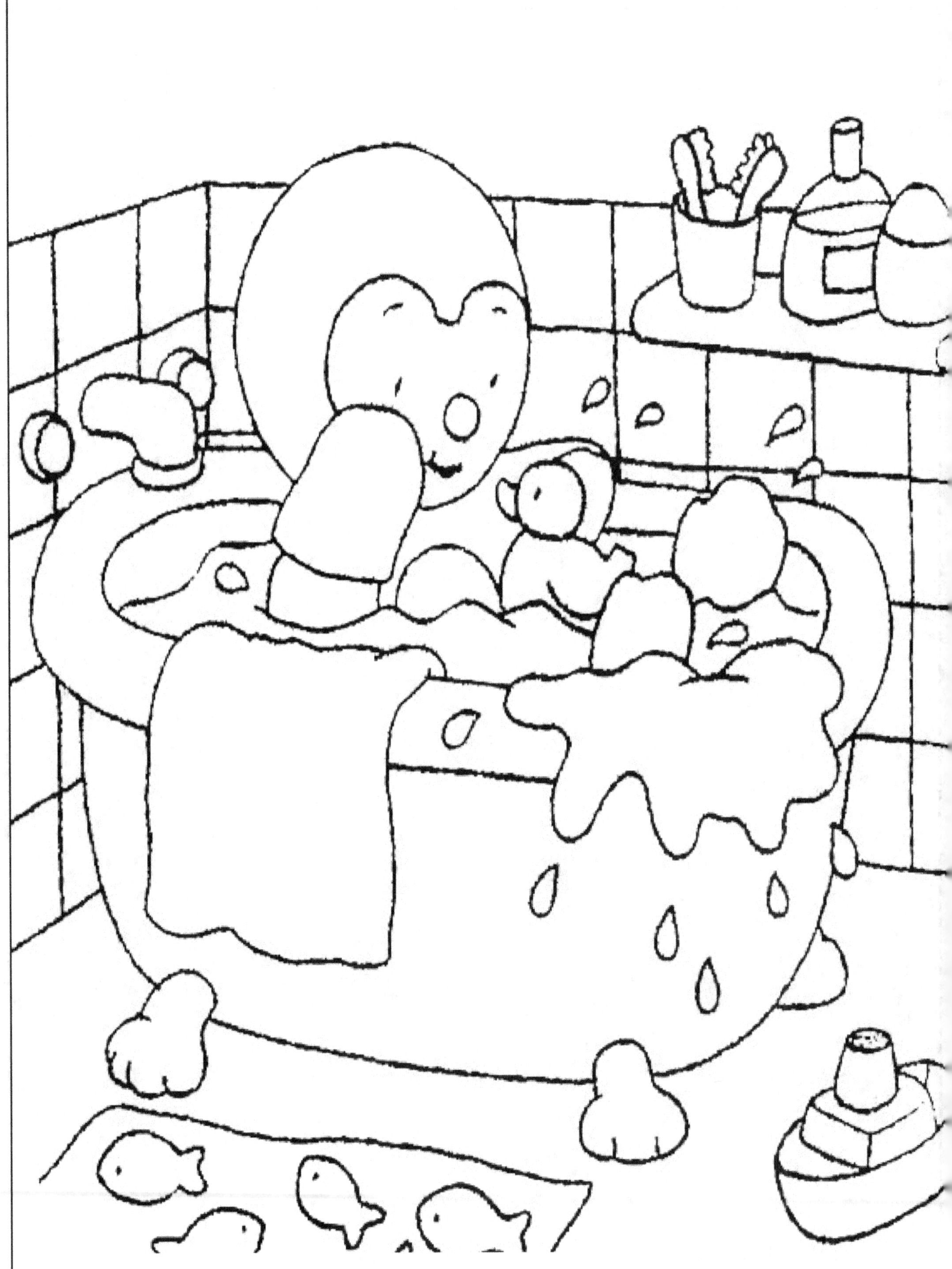

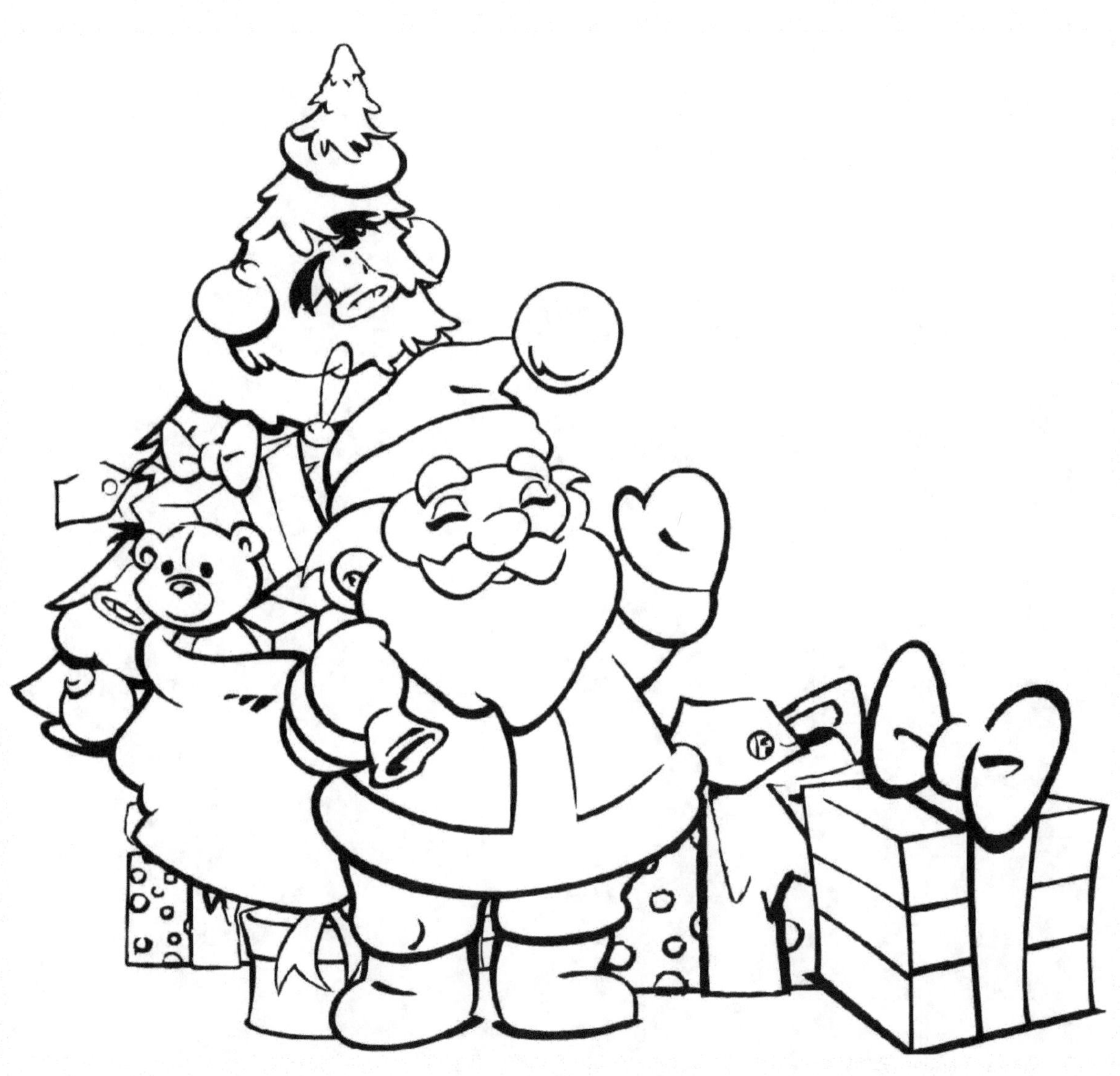

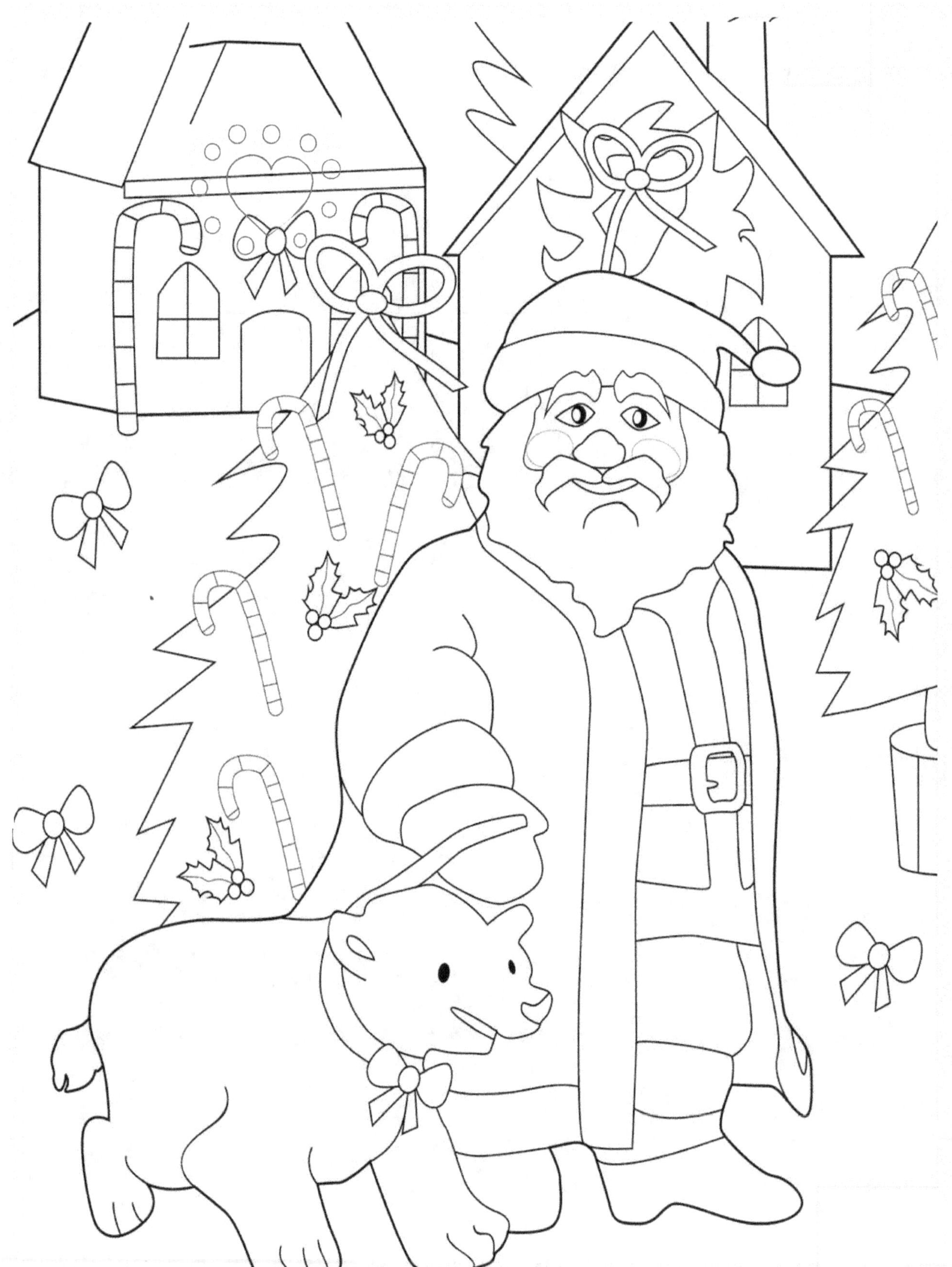

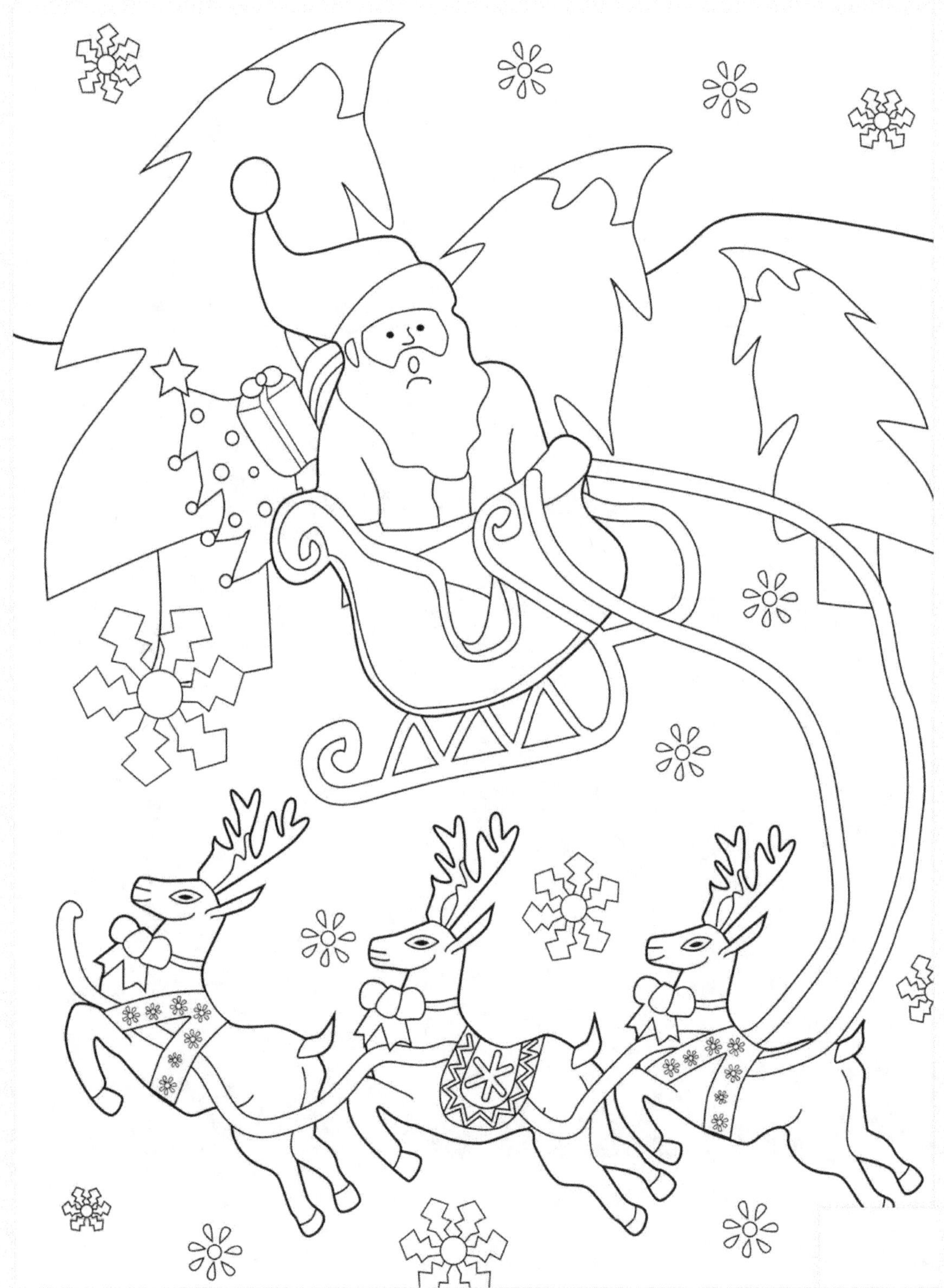

Merry Christmas

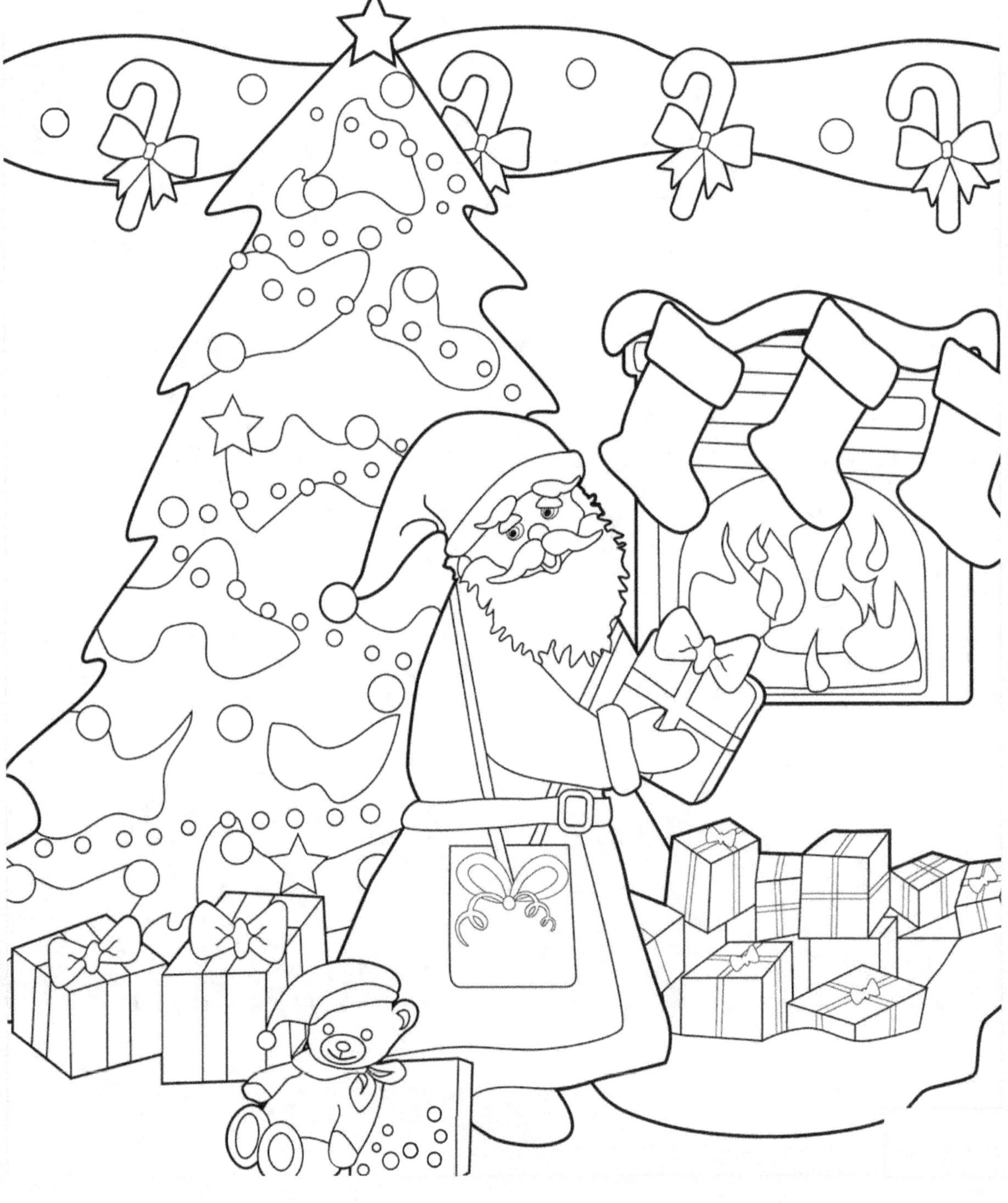

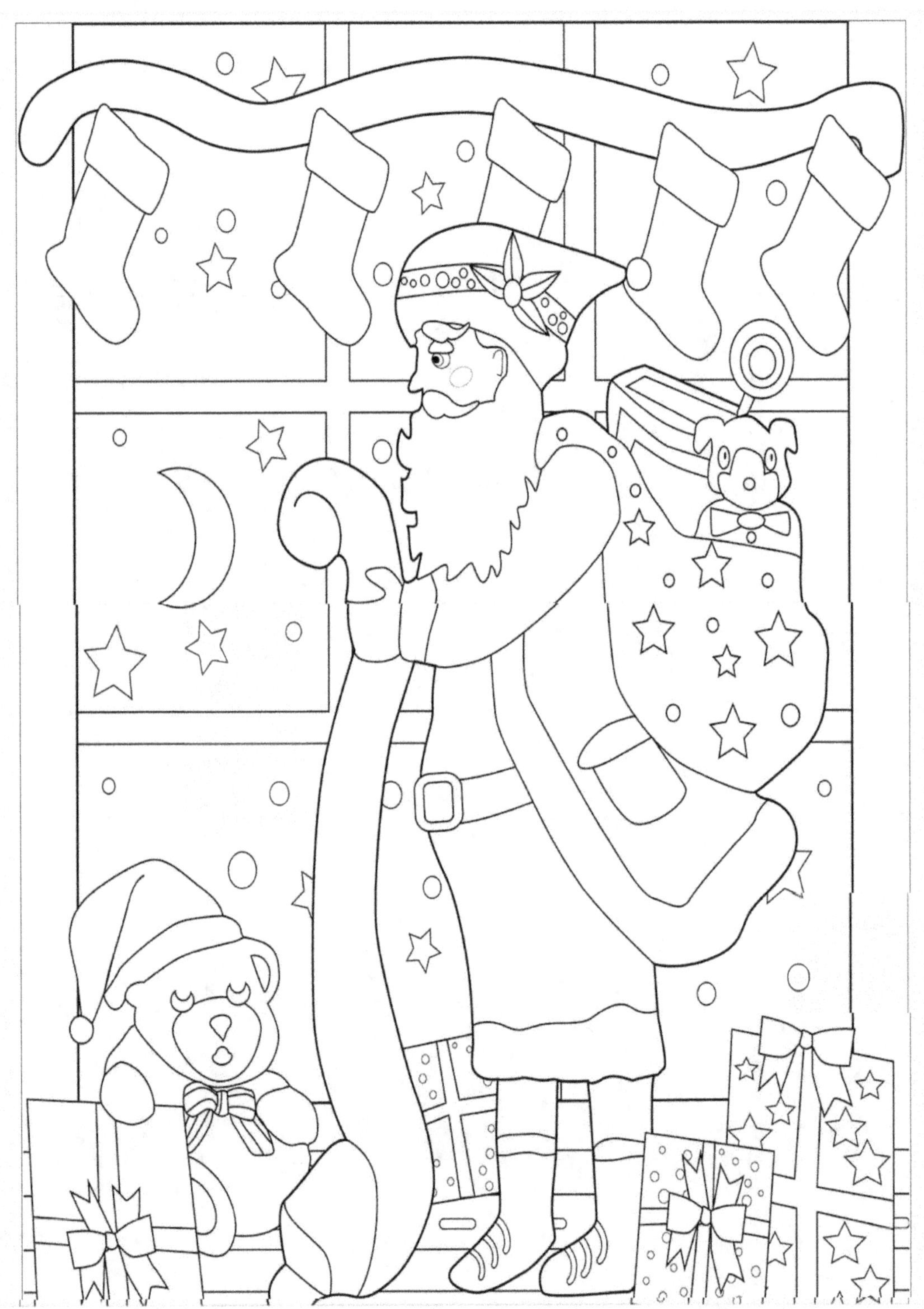

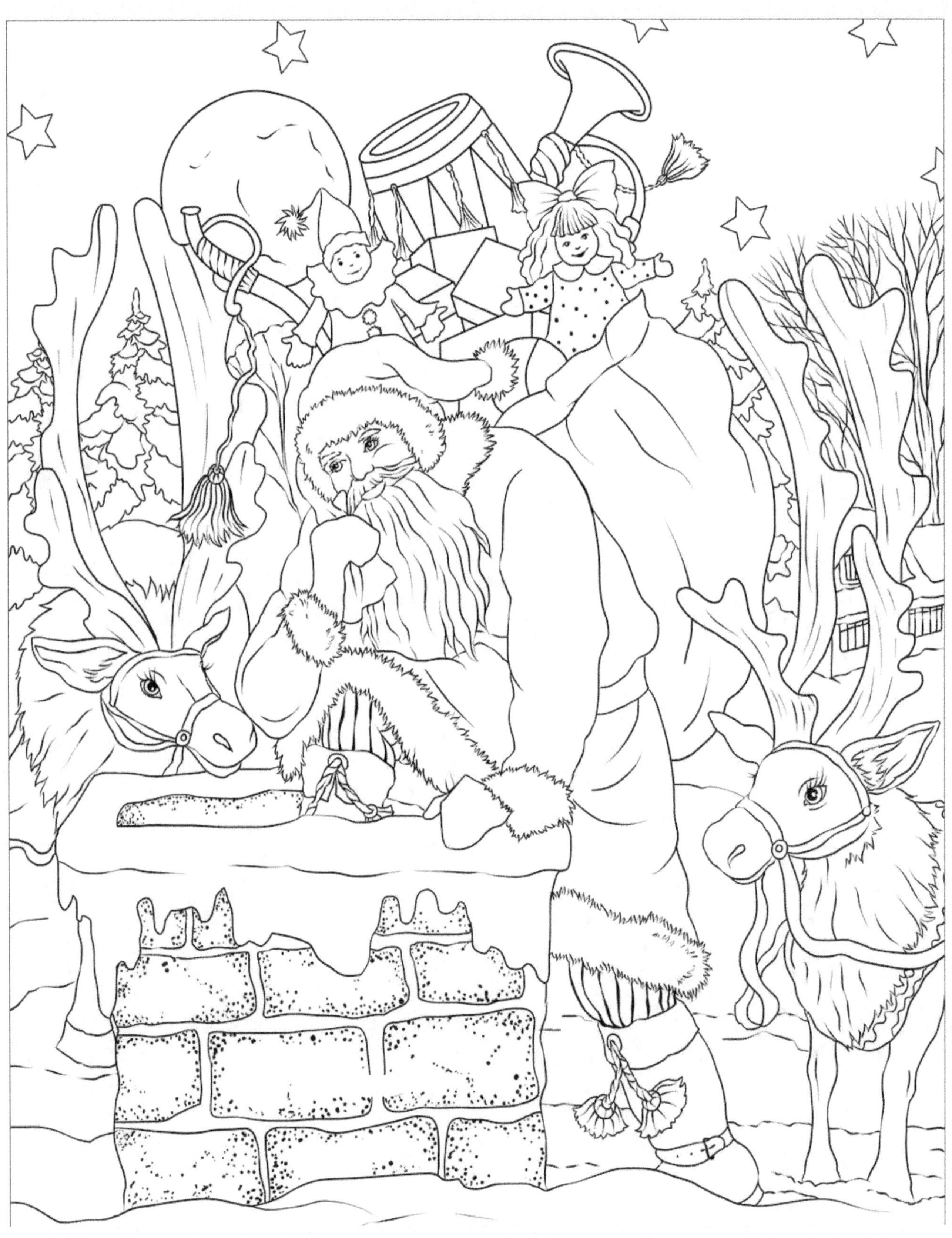

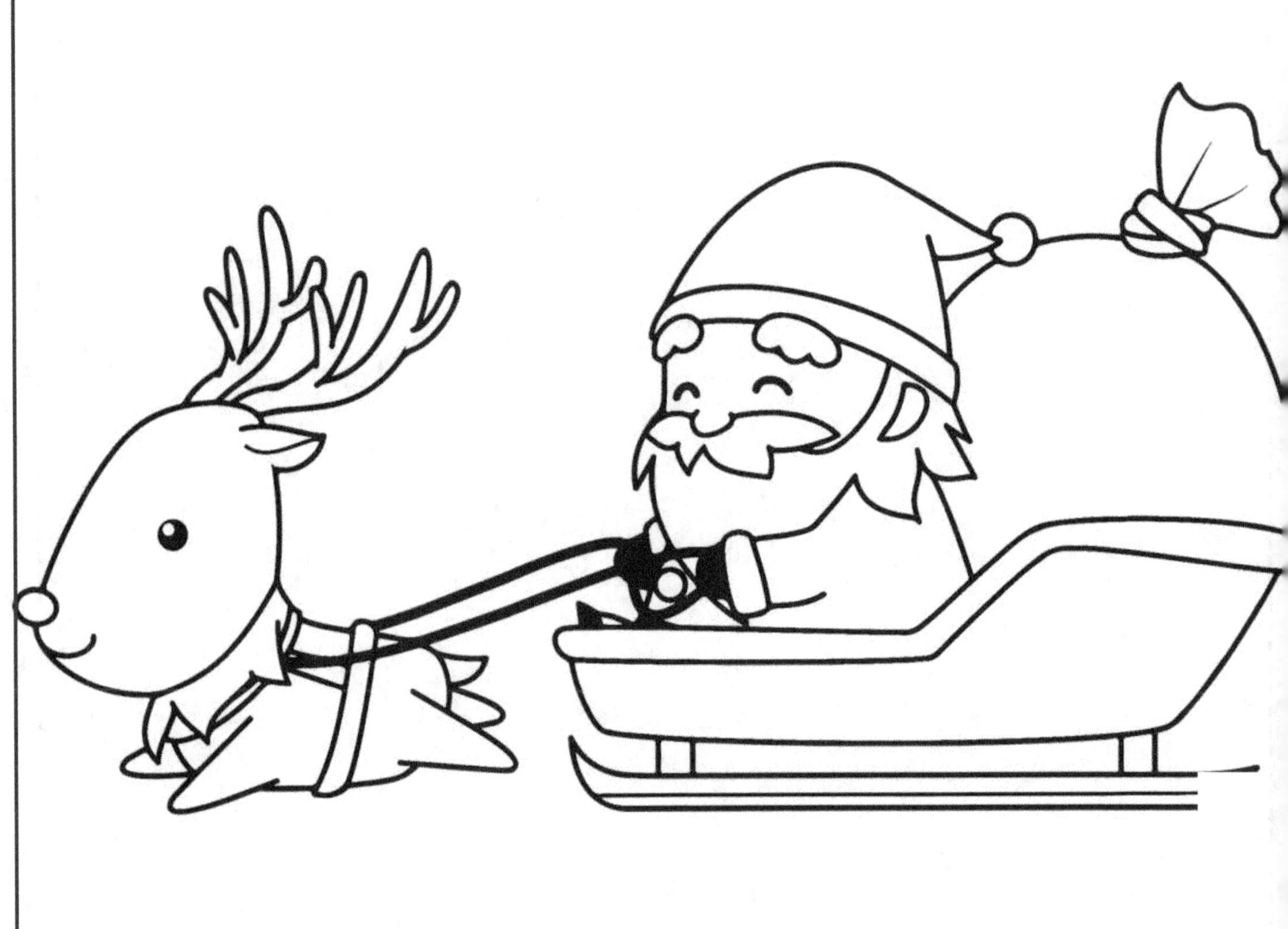

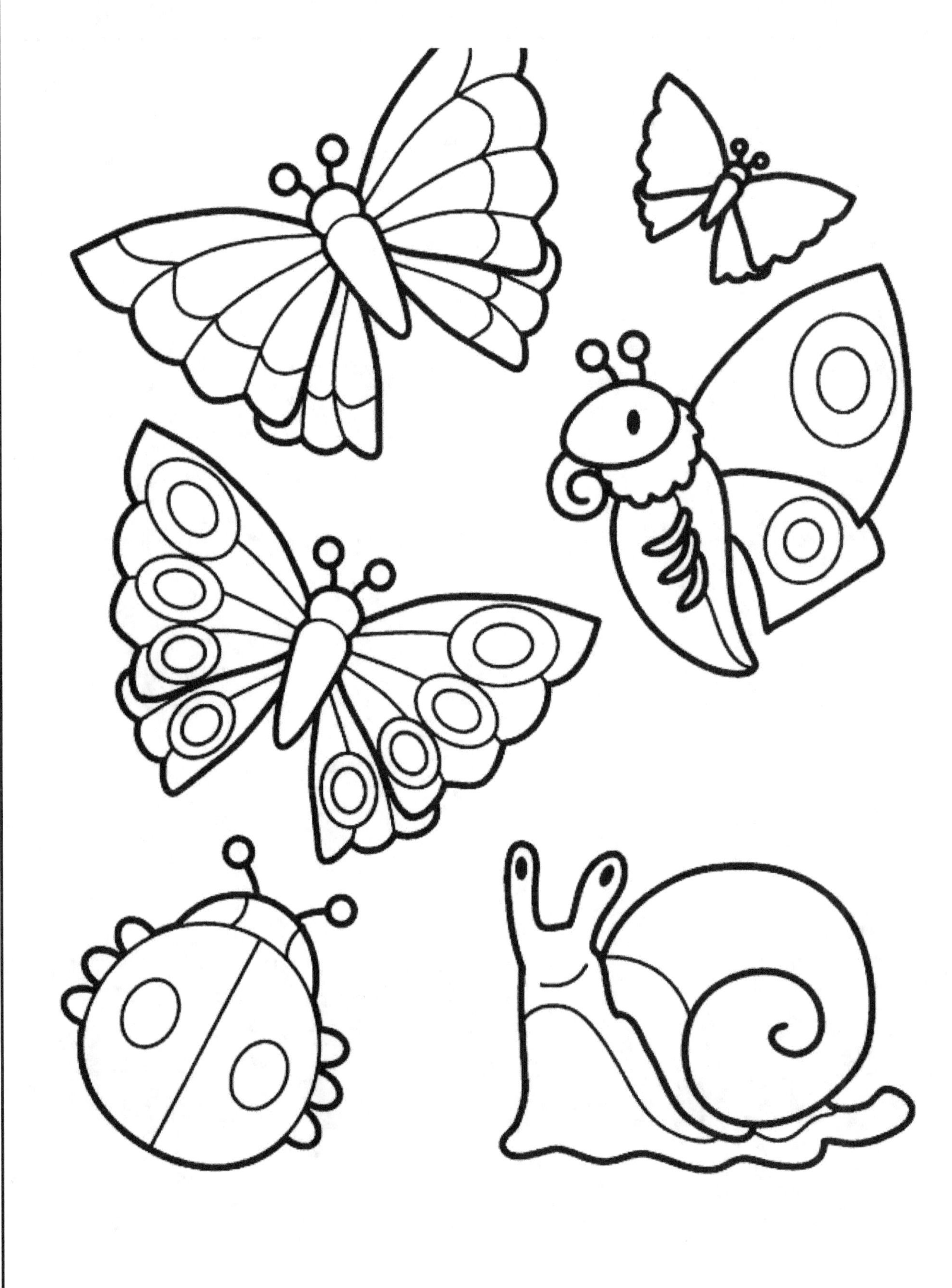

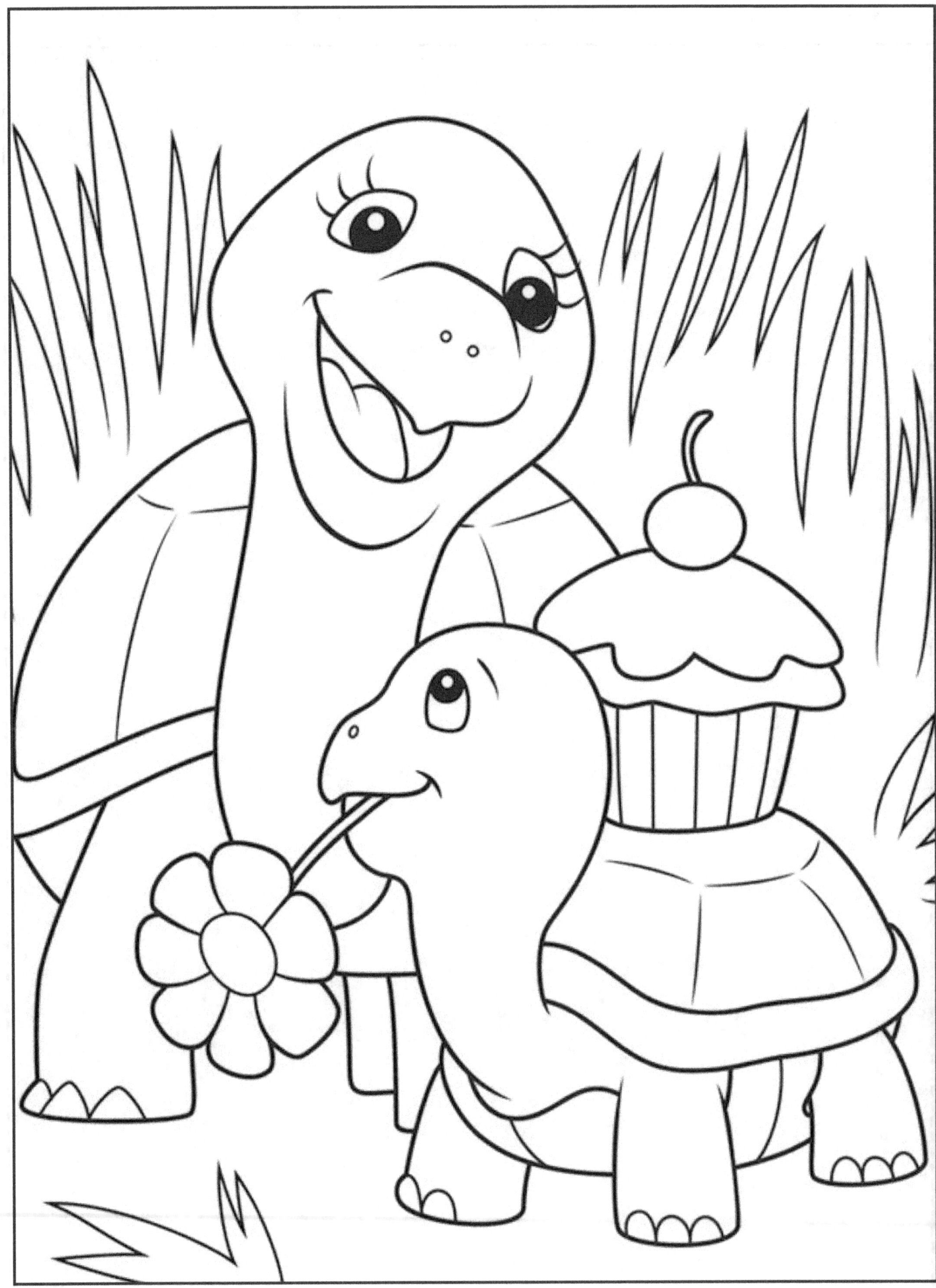

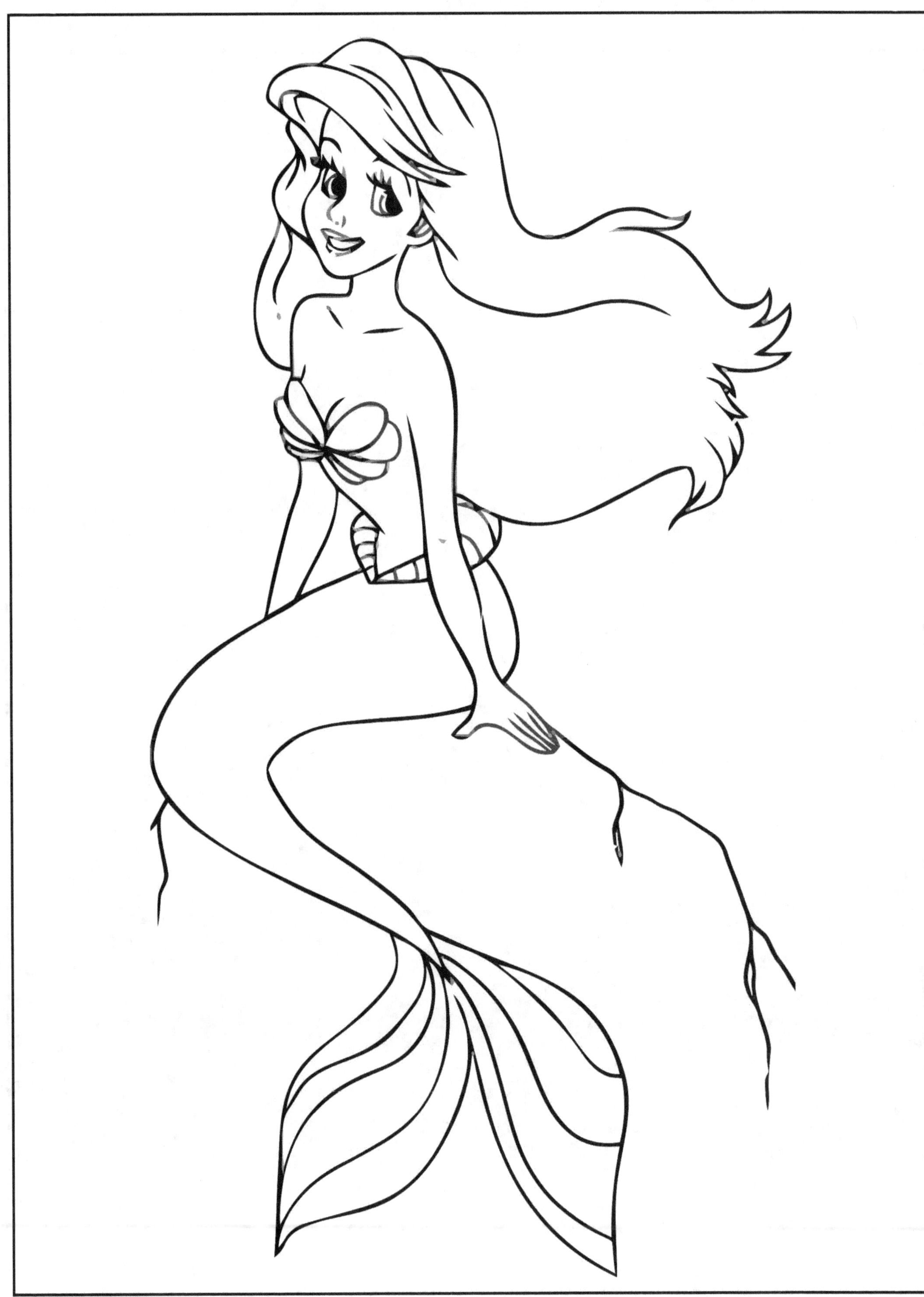

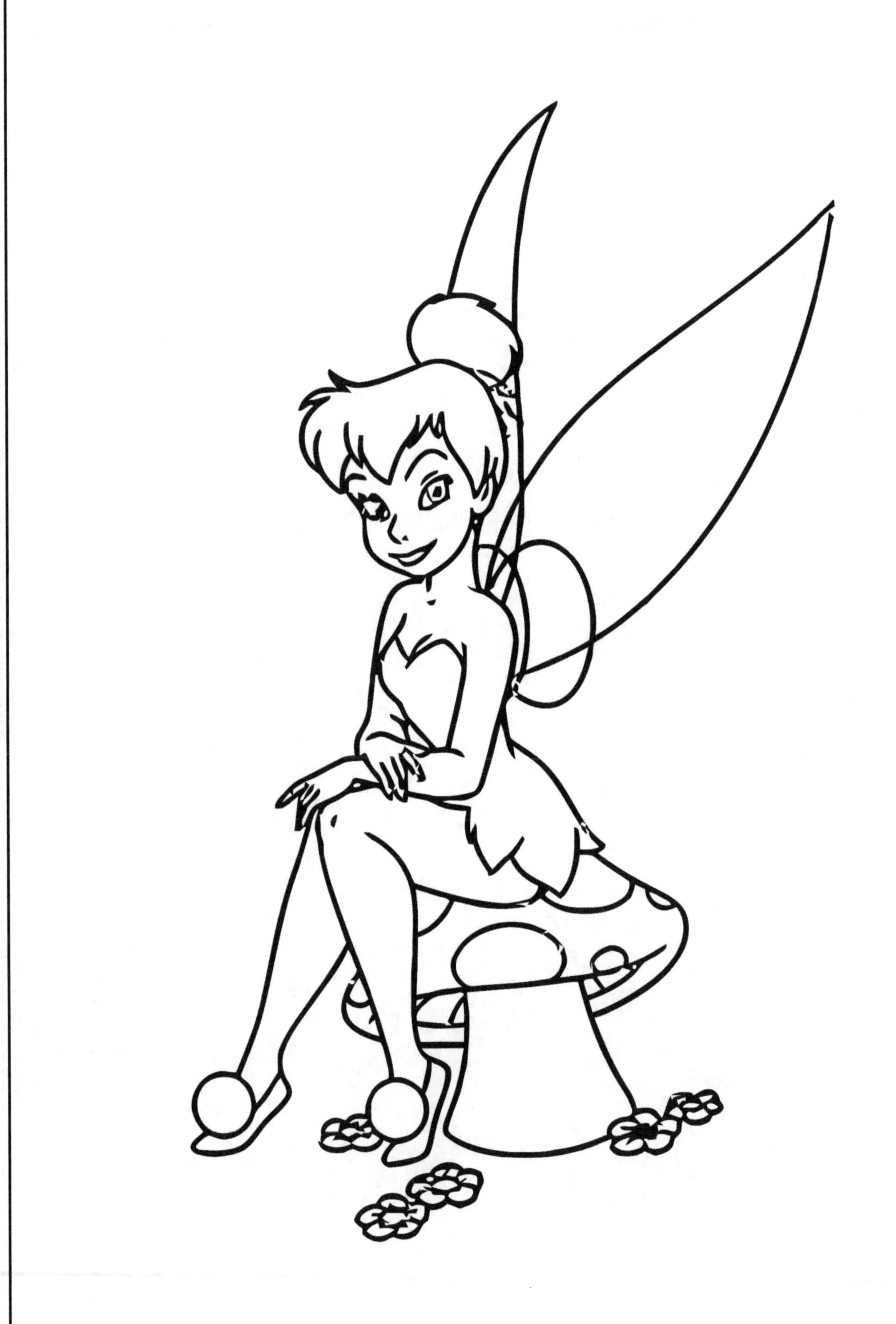

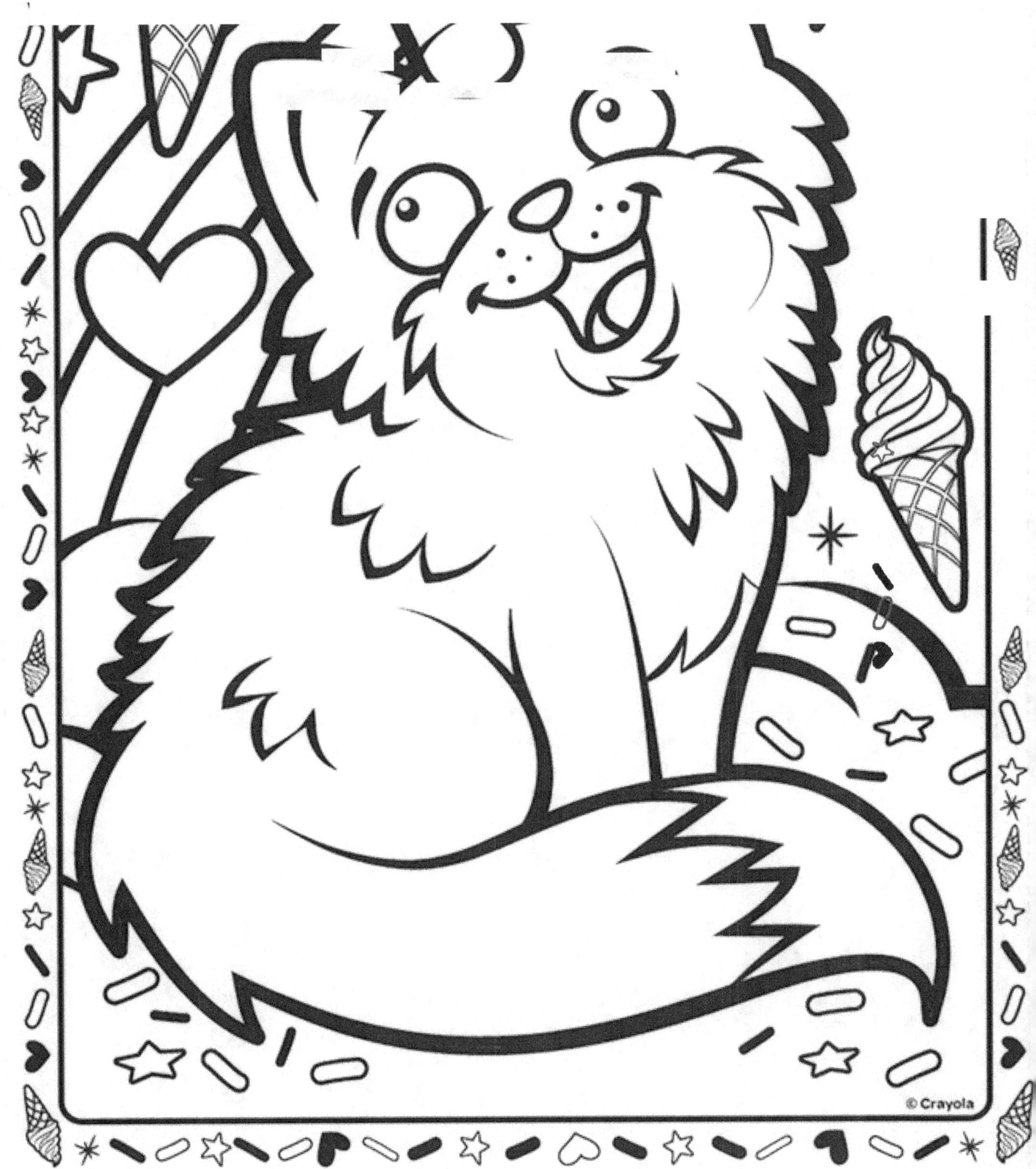
© Crayola

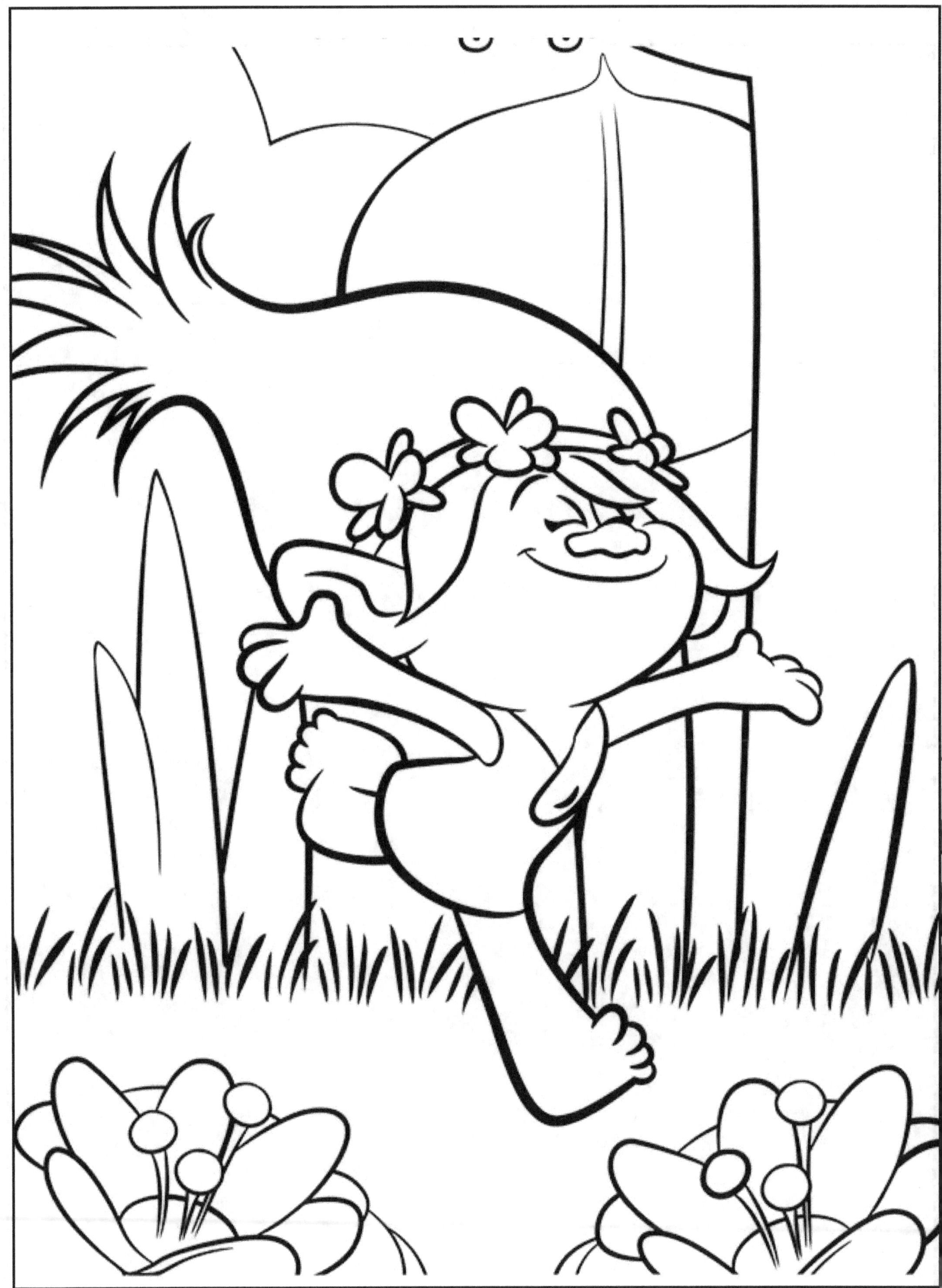

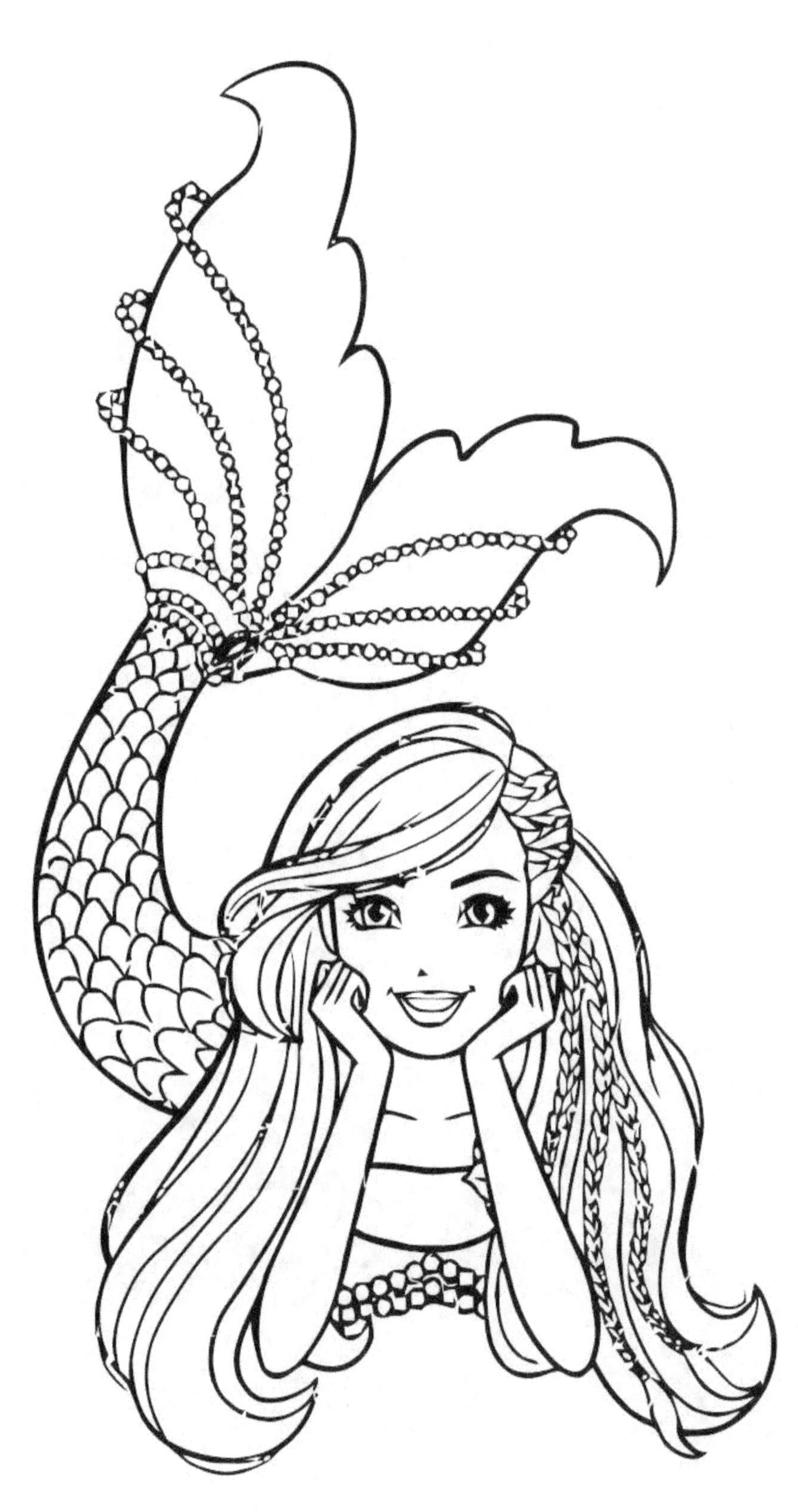

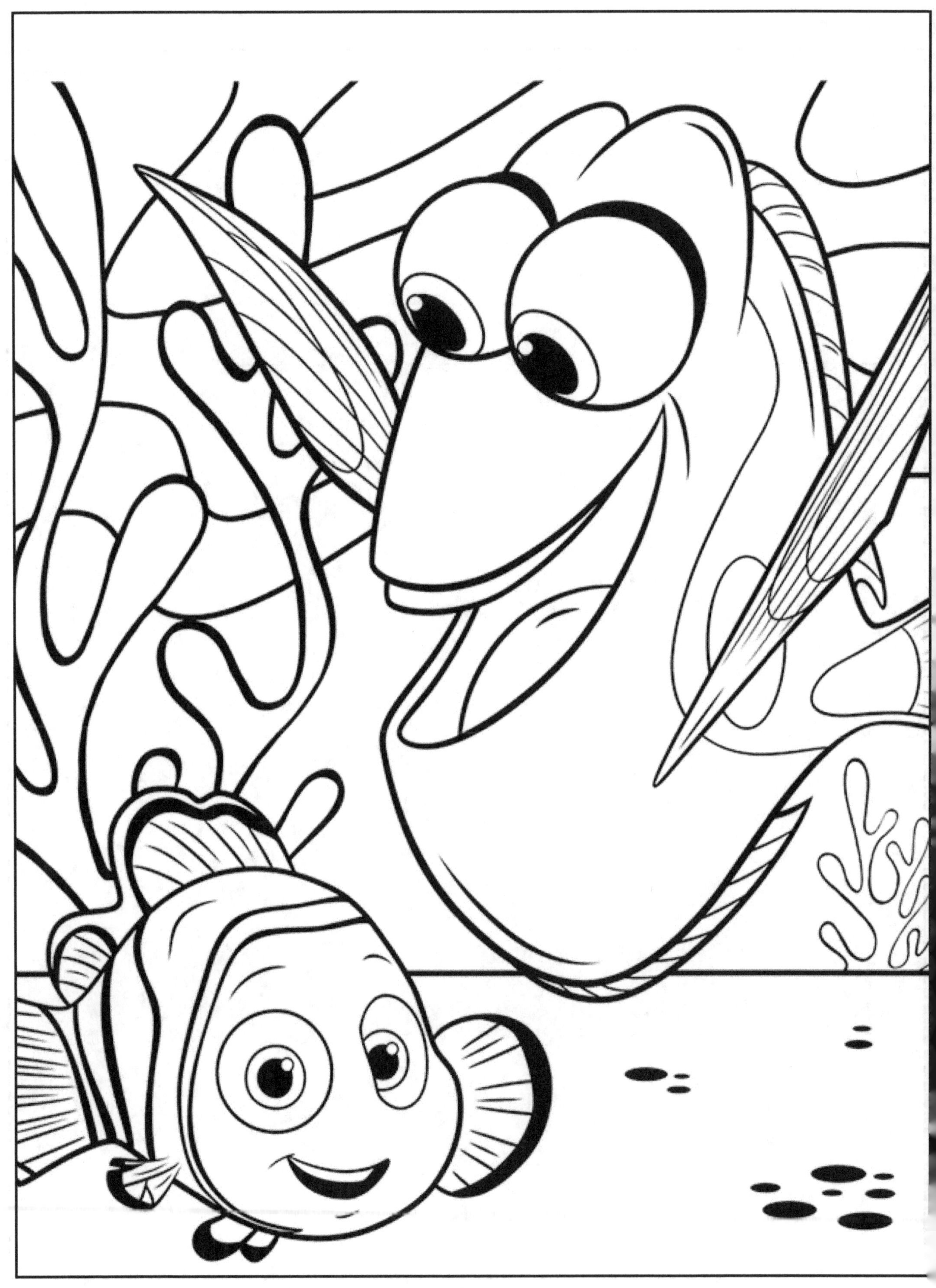

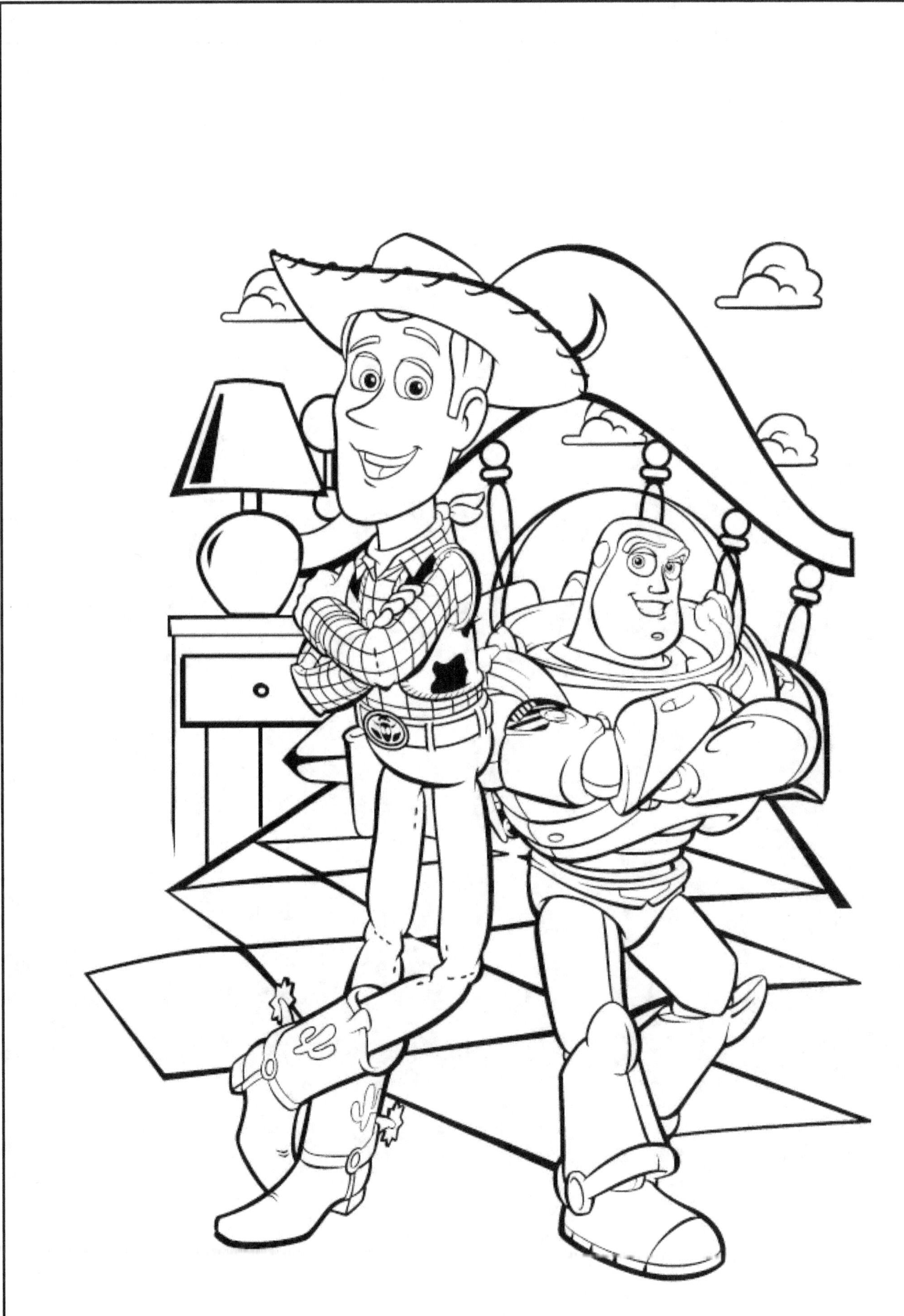

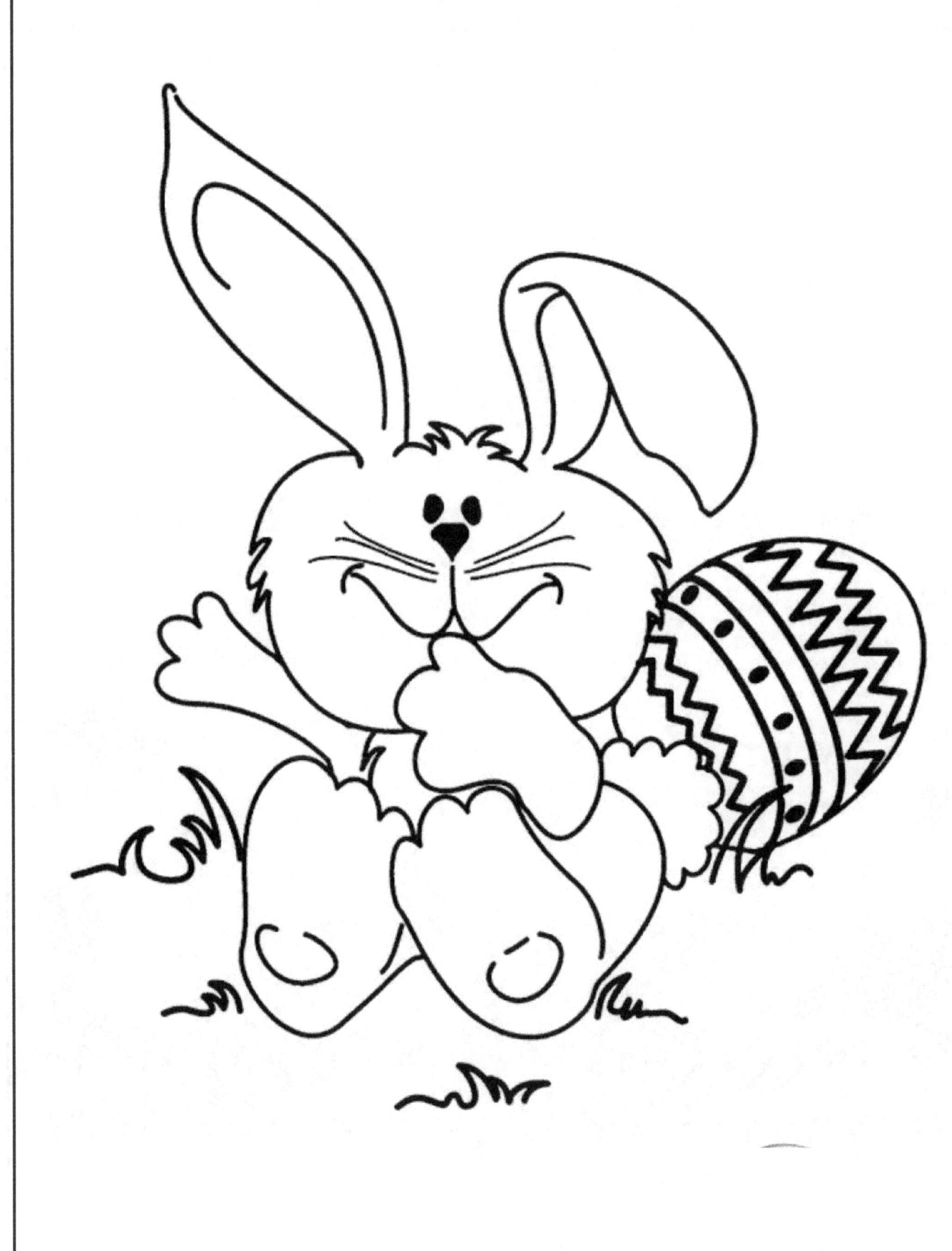